나쁜 감정
정리법

Original Japanese title: SORETTE 「NAYAMIGUSE」 KAMO SHIREMASENYO

Copyright © 2017 Hiroaki Enomoto

Original Japanese edition published by Sogensha, Inc., Publishers

Korean translation rights arranged with Sogensha, Inc., Publishers

through The English Agency (Japan) Ltd. and Danny Hong Agency

나쁜 감정 정리법

고민과 불안으로부터 나를 지키는 연습

에노모토 히로아키 지음
이유라 옮김

21세기북스

자꾸 나쁜 감정에 휘둘려서 힘든 당신에게

작은 일로 끙끙 앓아눕는 나를 바꾸고 싶다.

나를 좀먹는 나쁜 감정에서 벗어나고 싶다.

이런 생각을 하는 사람이 의외로 많다. 특히 인간관계에 너무 신경을 쓰다 보니 다른 사람을 대할 때마다 지치고 힘들다. 이런 사람들은 누구하고나 쉽게 친구가 되는 사람이 너무 부럽다. 사람들과 친해지고 싶지만 마음만 앞설 뿐 선뜻 친해지지 못한다는 사람도 적지 않다.

이렇게 마음속 나쁜 감정이 더 커지면 지금 내가 살고

있는 방식이 맞는 건지도 모르겠다. 무엇이 불만인지, 뭘 어떻게 하고 싶은 건지도 잘 모르겠다. 그저 안갯속을 헤매는 것 같다는 사람도 늘고 있다.

우리를 가장 괴롭히는 문제는 아마 인간관계일 것이다. 사람은 인간관계에 많이 좌우된다. 그렇기 때문에 어떻게 하면 사람들과 잘 지낼 수 있을지 늘 고민한다. 이때 사람의 감정과 행동에 영향을 미치고 있는 심리 기제 Psychological Mechanism를 이해하면 가장 나답게 인간관계를 맺는 법을 알게 된다.

이제 더는 모르는 체하며 살 수 없다. 내 마음속에서 무슨 일이 일어나고 있는지 알아야만 한다. 고민하는 버릇 때문에 남들보다 걱정근심이 많고 우울해하는 편인가? 그렇다면 그 기저에 깔려 있는 '나쁜 감정'의 습관을 찾아내서 고치도록 하자.

여기서 확실히 짚고 넘어갈 점은 우리가 겪은 사건이나 상황이 고민과 우울을 부르는 것이 아니라는 것이다.

그 증거로 비슷한 사건을 경험해도 사람마다 반응이 다르다는 점을 들 수 있다.

예를 들어 직장에서 실수를 해서 상사가 화를 낼 때 당신은 어떤 기분이 드는가? 고민을 많이 하는 성향의 사람은 충격을 받아 점심을 먹지 못할 정도로 우울감을 느낄 수도 있다. 하지만 똑같은 일을 겪어도 마치 아무 일도 없었던 것처럼 담담히 자기 할 일을 하는 사람도 있다.

심술궂은 동료에게서 기분 나쁜 말을 들으면 당신은 어떤 반응을 보일 것인가? 우울해하거나 짜증을 내는 등 금세 감정에 휩쓸리는 유형이라면 "뭐야, 저 말투는?", "그런 말을 하다니 절대 용서 못 해!"라면서 분노에 사로잡혀 업무에 집중하지 못할 수도 있다. 하지만 동료가 무슨 말을 하든 전혀 신경 쓰지 않고 자신의 페이스를 유지하는 사람도 있다.

이렇게 사람에 따라 반응이 다른 것은 어떤 사건 자체가 우울함을 불러일으키는 것이 아니기 때문이다. 바로 여기에 나쁜 감정에서 벗어나는 방법이 숨어 있다.

그리고 또 하나, 확실히 짚고 넘어갈 중요한 사실이 있다. '마음의 습관'에는 제각각 바람직하지 않은 패턴이 있다는 것이다. 이를 고치기 위해서는 '마음의 습관'이 가지고 있는 나쁜 패턴을 알아야 한다.

자기 통제Self-control는 자신을 아는 데서 시작한다. 어떤 '마음의 습관'이 문제인지 알면, 나쁜 감정을 정리할 수 있다. 우리가 자각하지 못하기 때문에 '마음의 습관'의 나쁜 패턴에 사로잡혀 있는 것이다.

사는 게 너무 힘들다. 하지만 심리상담소를 찾기에는 조금 거부감이 든다. 이 책에서는 그런 사람들을 위해 자기 자신을 이해하고 바람직하지 않은 마음의 습관을 바로잡을 수 있는 방법을 소개한다. 마음의 습관을 알아볼 수 있는 질문에 스스로 카운슬링 하듯이 답하도록 구성했다. 이 책을 통해 하루를 기분 좋게 보낼 수 있는 실마리를 찾을 수 있을 것이다.

'Part 1'에서는 고민과 불안, 불만과 짜증을 불러일으키는 기본적인 심리 기제에 대해 알기 쉽게 설명했다. 평소에 자신의 마음이 어떻게 움직이고 있는지 알 수 있을 것이다. 그 부분을 확실히 이해한 다음, 'Part 2'를 통해 구체적인 고민과 불안, 불만과 짜증에 대한 대처법을 함께 의논하고자 한다.

'Part 2'에서는 우리 주변에서 흔히 볼 수 있는 고민을 다루고 있으며, 스스로를 돌이켜보고 기록할 수 있는 워크북 형태로 구성되어 있다. 상담자에게 자신의 고민이나 생각을 털어놓는다는 마음으로 작성해보자. 신경 쓰이는 상황이나 사건을 생각하면서 적다 보면 깨닫는 점이 있을 것이다. 내 안에 숨어 있는 '마음의 습관'의 나쁜 패턴도 발견하게 될 것이다.

이러한 셀프 카운슬링을 '쓰기 치료^{Writing Cure}'라고 한다. 쓰기 치료에는 정화 효과와 자기명확화 효과가 있다. 감정의 응어리를 표출하는 과정을 통해 마음이 상쾌해지고 자신의 문제점을 파악할 수 있다. 신경 쓰이는 상황이나 사건을 생각하면서 적다 보면 깨닫는 점이 있을 것이다. 내 안에 숨어 있는 '마음의 습관'의 나쁜 패턴도 발견하게 될 것이다.

    이 책에 실린 열세 가지의 〈WORK〉를 통해, 당신의 삶이 좀 더 평화롭고 행복해지길 바란다.

차례

Part 1. 나쁜 감정은 어디에서 오는 걸까?

Part 2. 나쁜 감정 스스로 정리법

Part 1

나쁜 감정은
어디에서 오는 걸까?

01

당신이 불안한 이유는
생각이 많아서다

이 책을 집어든 여러분은 분명 불안이 강한 사람일 것이다. 무슨 일이 있을 때마다 금세 불안해하는 사람은 항상 밝고 활기차며 불안감이라고는 전혀 모르는 것 같은 사람을 부러워한다. 나도 저렇게 매사에 느긋하면 좋겠다는 생각이 자주 든다.

예를 들어 친구가 술자리에 초대했다고 하자. 불안이 강한 사람은 나 말고 또 누가 오는 건지 신경이 쓰여서 친구들에게 누가 오는지 확인하려고 한다.

잘 모르는 사람들도 온다는 이야기를 들으면 '어떤 사람일까?', '이야기가 안 통하면 어쩌지?'라는 생각에 불안해져서 참석할지 말지 고민하게 된다.

반면 불안이 없는 사람은 "와, 재밌겠다. 나도 갈래!"라며 망설임 없이 그 자리에서 참가 의사를 밝힌다. 그렇게 적극적인 모습을 보면 불안이 강한 사람은 자신이 좀 더 시원시원한 성격이면 좋겠다며 부러워하곤 한다. 하지만 이는 성격의 차이일 뿐 좋고 나쁘고의 문제는 아니다. 중요한 것은 자신의 개성을 어떻게 살리는가이다.

직장에서 겪을 수 있는 일을 상상해보자. 상사가 이제까지 해본 적 없는 일을 맡기겠다고 할 때, 불안이 강한 사람은 '정말 괜찮을까? 내가 잘할 수 있을까?' 하면서 한참을 고민한다. "괜찮아, 자네라면 할 수 있어!"라는 말에 과감히 일을 받아들일 수도 있지만 그 후에도 불안한 마음은 여전하다. 실수하지 않도록 신중하게 계획을 세운다. 어떻게 해야 그 일을 잘 처리할 수 있을까 하는 생각이 머릿속에서 떠나지 않는다.

반면 불안이 없는 사람은 "알겠습니다, 제가 해볼게요!"라며 조금의 망설임도 없이 업무를 맡는다. 상당히 능력 있는 사람인 것 같아 지켜보면 꼭 그렇지도 않아서 금세 실수를 저질러 상사에게 혼나기도 한다.

불안이 강한 사람 입장에서 보면 '저런데도 어떻게 불안하지 않을 수 있지?' 싶어서 이해하기 힘들지만 당사자는 전혀 개의치 않는다. 그렇게 무사태평한 성격을 부러워할 수도 있다. 하지만 불안이 없는 대신 맡은 일이 많아질 수도 있다. 불안이 적다고 항상 좋은 것만은 아니다.

불안이 없는 사람은 어떻게 그렇게 무사태평할 수 있는 걸까? 한마디로 말하면 매사를 깊이 생각하지 않기 때문이다. 원래부터 그런 성향인 것이다. 생각을 깊게 하지 않으면 불안해지지 않는다. 불안은 사물을 정확하게 이해하려고 할 때 생긴다. 그런 관점에서 보면 '불안해지기 쉬운 성격'이라는 것도 그렇게 나쁜 것은 아니다.

불안에는 긍정적인 의미가 있다.

02

우울함은 나쁜 사건 때문이 아니다

안 좋은 일이 있으면 마음이 우울해진다. 너무 심하게 안 좋은 일이면 다시 일어설 힘도 없을 정도로 기분이 바닥까지 가라앉는다. 당연하게 여기기 쉽지만 사실은 틀린 생각이다.

우리는 어떤 일로 인해 우울해졌을 때 그 일이 일어났기 때문에 우울하다고 생각한다. 하지만 우리가 우울한 진짜 이유는 사실 무의식 속에서 움직이는 '마음의 습관'

때문이다. 안 좋은 일이 일어났기 때문이 아니다.

그 증거로 같은 일을 겪었을 때 우울해지는 사람이 있는가 하면, 전혀 우울해지지 않는 사람도 있다. 우울한 감정에 사로잡혀 밑바닥에서 허우적대는 사람도 있지만, 잠시 우울해하다가도 금방 털고 일어나는 사람도 있다.

결국 우리의 기분이 밑바닥까지 떨어지는 이유는 안 좋은 일 그 자체가 아니라는 뜻이다. 어떤 사건이나 상황이 그 자체만으로 우리를 우울하게 만드는 것은 불가능하다. 사건이나 상황 그 자체에는 그럴 힘이 없다.

우울한가 우울하지 않은가는 특정한 사건이나 상황이 아니라 우리가 그 일을 어떻게 받아들이는지에 따라 결정된다. 우리가 사물을 받아들이는 방식을 심리학에서는 '인지認知, Cognition'라고 한다.

예를 들어 직장에서 실수를 해서 고객이 불평을 하거나 선배에게 주의를 받았다면 누구나 상처를 받고 우울해지기 마련이다. 여러분도 틀림없이 우울할 것이다. 하지만 그 충격의 여파가 오래오래 남는지, 곧바로 훌훌 털고 다시 일어나는지에는 개인차가 존재한다.

쉽게 우울해하는 사람은 "이런 실수를 하다니. 난 왜 이 모양일까!"라면서 자신을 탓한다. 당황해서는 평소에 안 하던 실수를 저지르기도 한다. 반면에 "고민해봤자 별 수 없지. 같은 실수를 되풀이하지 않게 정신 바짝 차려야겠다"라면서 긍정적인 태도로 전환하는 사람도 있다.

똑같은 사건을 경험하더라도 이토록 다른 반응이 나오는 것은 우울의 원인이 사건 자체가 아니라 사건을 받아들이는 방식에 있다는 사실을 증명한다. 다시 말해 우울해지는 까닭은 어떤 일이 일어났기 때문이 아니라 그 사건을 어떻게 인지하느냐 때문이고, 우울해지기 쉬운 성향은 인지의 문제라는 결론이 나온다.

친구에게서 빈정거리는 말을 들으면 누구나 기분이 상하는 법이다. 여러분도 그런 일을 겪는다면 틀림없이 기분이 상할 것이다. 하지만 그 순간에 기분이 상하더라도 그 이후에 마음이 어떻게 움직이는지는 사람마다 다르다.

"그런 말을 하다니 너무해! 그런 사람인 줄 몰랐는데"라면서 화를 내는 사람이 있는 반면, "뭔가 그 사람의 콤

플렉스를 건드리는 말을 한 건가?", "왜 저렇게 기분 나빠 하는 거지?" 하고 감정적으로 대응하지 않고 침착하게 상대의 반응을 살피는 사람도 있다.

이 또한 일어난 사건은 똑같더라도 화를 내는 사람이 있고 감정적으로 반응하지 않는 사람이 있다는 사실을 방증한다. 결국은 받아들이는 방식의 문제, 즉 인지의 문제라고 할 수 있다. 다시 말해 인지 방식을 바꾸면 '쉽게 우울해지는 나', '사소한 일에도 금방 화를 내는 나'에서 벗어날 수 있다는 뜻이다.

우리에게 일어나는 불행한 사건을 막을 수는 없지만, 나쁜 일이 일어났을 때 어떤 식으로 받아들일지는 스스로 조절할 수 있다.

우울해지는 것은 마음의 습관 때문이다.

03

남의 떡이 더 커 보이는 본능

행복에는 절대적인 기준이 없다는 말을 많이 한다. 객관적으로 보면 불행할 이유가 없는 사람인데도 불만이 가득한 경우가 있다. 경제적인 측면으로 보나 배우자의 인품으로 보나 아무리 봐도 축복 받은 입장인데 대체 뭐가 불만인지 주위 사람들은 도무지 알 수가 없다. 그 내면에 있는 것이 바로 '비교심리'다.

내 연봉이 높아도 나보다 더 부유한 사람들이 많은 곳

에 살면 상대적으로 가난하게 느껴져 수입이 좀 더 많았으면 좋겠다고 한탄하게 된다. 아무리 자신의 남편이 흠잡을 데 없는 인품을 갖추었다고 해도 이웃집 남편이 유명 기업에 다닌다는 사실을 알게 되면 질투심이 생긴다. 이처럼 비교심리란 무척 성가신 존재다.

친구의 결혼 소식을 들을 때마다 비참한 기분이 든다는 사람이 있다. 친구의 행복을 순수하게 기뻐해주지 못하다니 어지간히 비뚤어진 사람이라고 생각할지도 모르겠다. 하지만 비교심리의 관점에서 바라보면 그런 마음도 이해가 된다.

친구가 결혼하게 되어 처음으로 피로연에 참석했을 때는 자신을 초대해줘서 고마웠고 진심으로 축하해주었다. 다른 친구들의 결혼 피로연에 초대받았을 때도 똑같이 축하하는 마음이 가득했다. 하지만 계속해서 친구들의 결혼 피로연에 초대받게 되자 어쩐지 비참한 기분이 들었다고 한다.

물론 축복하는 마음도 있었지만 축하한다고 말할 때마다 비참한 기분도 동시에 생겼다는 것이다. 비교심리 때문이다. 친구의 행복을 진심으로 축복하다가도 '친구는 저렇게 행복한데 나는 이게 뭐지?' 하면서 자신과 비교하기 때문에 비참한 기분에 사로잡히는 것이다.

친구를 질투해서 자신도 모르게 공격적인 태도를 취하고 결혼 상대를 깎아내리거나 친구의 험담을 하는 일도 있다. 스스로도 그런 자신의 모습이 싫어서 우울해진다. 이런 문제들의 밑바탕에는 비교심리가 자리 잡고 있다.

자꾸 자신을 다른 사람과 비교하면서 부정적인 기분에 사로잡힐 때는 어떻게 해야 할까? 그 점이 앞으로 다룰 문제다. 부정적인 비교심리에서 해방되면 마음도 무척 가벼워질 것이다.

자꾸 다른 사람과 비교하는 습관이 문제다.

04

말하지 않으면
아무도 당신의 마음을 모른다

초조하고 예민한 성격을 고치고 싶다. 남에게 금방 짜증을 내는 버릇을 고치고 싶다. 하지만 어떻게 해야 할지 모르겠다. 이렇게 생각하는 사람들이 주목해야 할 사실이 있다. 짜증을 잘 내는 사람들은 대개 타인에 대한 기대가 너무 높다.

모처럼 디즈니랜드에서 데이트를 했는데, 남자친구와 다투는 바람에 서먹한 분위기로 집에 돌아왔다는 사람이 있다. 이야기를 들어 보니 놀이기구를 탄 뒤 속이 안 좋아졌는데 상대는 자신의 상태가 나쁘다는 사실도 눈치채지 못한 채 마냥 들떠 있었다는 것이다. 점심을 거의 먹지 못하고 남겼는데 걱정하는 기색도 없었다고 한다.

그러다 보니 점점 짜증이 나서 상대를 무시하고 공격적인 말을 내뱉게 되어 결국 서먹한 분위기가 되었다는 것이다. 몸 상태가 나쁘다는 걸 상대가 알아줬으면 좋겠다는 기대가 컸기 때문에 짜증이 난 것이다.

내가 말하지 않아도 알아주면 좋겠어, 나한테 신경을 써주면 좋겠어, 먼저 눈치채면 좋겠어. 이런 기대감 때문에 상대가 그 기대에 부응하지 못하면 화가 난다. 그리고 모처럼의 데이트를 엉망진창으로 만들고 만다.

이 경우에는 '말하지 않아도 알아줄 것이라는 기대감'과 '그 정도는 말하지 않아도 당연히 알아야 한다'는 마음이 있었기 때문에 화가 나는 것이다. 처음부터 그런 기대 같은 건 하지 말고 속이 울렁거려서 기분이 나쁘다고 먼저 솔직하게 말했다면 서먹해질 일은 없었을 것이다.

자신의 마음을 확실히 전하면 상대가 알아주지 않는다

고 짜증을 낼 일도 없다. 상대방도 혼자 들뜨지 않고 서로가 짜증내는 일 없이 데이트를 즐겁게 마무리했을 것이다.

부모나 배우자처럼 가까운 가족에게 특히 짜증이 자주 난다는 사람이 있다. 가족을 가장 가까운 존재라고 생각해서 '틀림없이 알아줄 것'이라는 기대가 너무 크기 때문이다. 기대가 크기 때문에 자신의 기대에 부응하지 못하면 배신을 당한 기분이 들어 화가 난다. 반대로 말하면 친구나 연인, 부모님, 배우자에게 아무것도 기대하지 않는 사람은 화가 날 일도 없다.

어차피 다른 사람에 대해서 '뭐 얼마나 알겠어', '남의 일에는 다들 관심 없는 법이야'라고 생각하는 사람은 상대가 자신을 걱정하고 이해해줄 것이라는 기대가 없기 때문에 상대에게 섭섭하다며 화를 내는 일도 없다.

그렇다고 해서 기대하는 것이 잘못이라거나 기대를 하지 않는 편이 좋다는 식의 사고방식도 좀 씁쓸하다. 상대가 염려하고 알아줄 거라고 서로가 기대할 수 있다는 것은 그만큼 소중한 관계라는 뜻이기도 하다. 그렇다면 기대를 하면서도 화를 내지 않으려면 어떻게 자신의 마음을 다스려야 할까?

자신을 통제할 수 있게 되면 사사건건 화가 나지도 않고 소중한 인간관계가 틀어질 일도 없다. 그 요령을 익히는 것이 화를 잘 내는 성격에서 벗어나는 열쇠다.

기대 자체는 좋은 것이지만
기대가 너무 크면 문제가 된다.

05

별것 아닌 일에 욱하는 진짜 이유

 무턱대고 화가 날 때가 많다면 혹시 욕구불만 상태가 아닌지 의심해보자. 심리학에서는 '좌절-공격 가설Frustration-aggression Hypothesis'이라고 말하는데, 욕구가 채워지지 않거나 좌절된 상태에서는 쉽게 짜증이 나고 사소한 일에도 분노가 폭발한다는 이론이다.

요즘 들어 화가 치밀어 오르는 일이 많아졌는가? 그렇다면 어떤 일이 마음먹은 대로 잘 풀리지 않아서 욕구불만 상태에 놓여 있기 때문인지도 모른다.

예를 들어 한 초등생의 엄마가 아이 엄마들 사이에서 싫은 소리를 들었다거나 모임에서 소외되는 일이 있었다고 하자. 그러면 자신도 모르게 아이에게 심하게 대하거나 배우자의 별것 아닌 말에도 예민하게 반응하기 쉽다.

직장의 인사고과에서 부당한 평가를 받은 사람이 퇴근 길 차 안에서 이어폰으로 음악을 듣고 있는 사람을 향해 시끄럽다고 소리치거나, 거래처 담당자의 횡포 때문에 스트레스 받는 사람이 집에 와서도 작은 일에 안절부절못하며 가족들에게 마구 소리를 지르는 경우가 있다.

사고로 인해 지하철이 지연되었을 때 대체 열차가 언제 오냐고 역무원에게 거칠게 불평을 해대는 사람도 있고, 은행 창구에서 언제까지 기다려야 하냐며 고함을 치는 사람도 있다. 그런 사람들도 실은 직장이나 가정에서 안 좋은 일이 있어서 욕구불만이 쌓여 있을 가능성이 있다.

병원 대기실에서 장시간 기다리느라 짜증이 나서 대체 언제까지 기다려야 하는 거냐며 감정이 폭발한 사람이 있다고 하자. 당사자는 하염없이 기다려야 했던 일이 분노의 이유라고 생각할 수도 있다. 하지만 사실은 생각처럼 일이 잘 풀리지 않거나 직장이나 가정에서 불쾌한 일을 당했기 때문에 생긴 욕구불만이 사소한 계기로 폭발해서 '도저히 용서 못해!'라고 생각하게 된 것이다.

욕구불만에 의한 분노가 쌓이면 공격 충동이 높아지기 때문에 평소라면 신경 쓰지 않았을 말을 도발로 받아들인다. 날 뭐로 보는 것이냐며 소리치거나 평상시와 다를 바 없는데도 "왜 이렇게 어질러져 있는 거야?" 하고 트집을 잡는 등 온갖 자극에 과잉 반응을 보이는 경향이 나타난다. 욕구불만이 커질수록 이러한 인지적 왜곡이 일어나기 쉽다. 이는 소중한 인간관계를 무너뜨리는 원인이 되기도 한다.

요즘 들어 분노하는 일이 많아졌다면 혹시 채워지지 않은 욕구 때문에 스트레스를 받고 있지 않은지 돌이켜볼 필요가 있다.

\# 욕구가 충족되지 않으면 분노로 표출된다.

06

타인의 조언을
호의로 받아들이는 방법

업무상 실수로 상사에게 꾸지람을 들으면 실수를 한 자신이 잘못했다는 건 알지만 그래도 화가 난다. '꼭 그런 식으로 말하지 않아도 되잖아' 하면서 반발심이 드는 것이다.

하지만 보통 업무 방식에 대한 충고를 들었을 때 꼬투리를 잡는 것 같아 화가 난다면 그건 자신의 마음가짐에 문제가 있다고 봐야 한다.

다른 사람이 의견을 말하거나 조언하면 머리로는 그 말이 옳다고 생각하면서도 울컥하는 사람이 있다. 그리고 '겨우 이런 일로 욱하다니 나도 참 한심하다'라는 생각이 들어 스스로가 싫어진다. 충고나 조언을 들으면 마치 자기 자신을 부정당한 듯한 기분이 든다는 것이다.

물론 어떤 방법에 대해 충고를 한다는 것은 기존의 방법이 좋지 않다는 뜻이 되기는 한다. 하지만 직장 상사든 선배든 친구든 부모든 간에 상대방은 심술을 부리는 것이 아니라 진심으로 나를 위해서 말해주는 것이다. 내가 어떻게 되든 개의치 않는다면 불편한 관계가 될 위험을 무릅쓰고 조언을 하지는 않을 것이다.

"왜 그런 식으로 하는 거야? 그러면 안 되지. 이렇게 한번 해봐."

"이렇게 하면 좀 더 효율적일 것 같은데."

이렇게 누군가 의견을 내거나 조언을 한다는 것은 어떻게든 당신을 도와주고 싶고 더 나은 방법을 알려주고 싶다는 뜻이다. 물론 당신도 내심 그런 상대방의 마음을 잘 알고 있을 것이다. 그래서 순간적으로 욱하고 반발심이 생기더라도 그런 스스로가 한심하다는 생각이 들기도 한다. 결국 '아, 이런 내가 싫어!' 하고 자기혐오에 빠지는 악순환이 생긴다.

최근에는 갈등을 피하려는 경향 때문에 학교나 직장에서 냉정하게 말하는 경우가 거의 없다. 심하게 혼났던 경험이 없어서인지 가벼운 주의만 받아도 반발심이 생기는 사람이 많은 듯하다.

게다가 반발심도 생기지만 상대의 조언을 불쾌하게 여기는 건 자신의 인성이 부족한 탓이라는 생각까지 동시에 들어 더욱 괴로워진다.

이처럼 조언을 들었을 때 욱하는 사람이 결코 적지 않다. 20대부터 50대에 이르기까지 직장인을 대상으로 실시한 의식 조사에서 20퍼센트가 넘는 사람들이 '연장자에게서 충고를 듣고 언짢게 생각한 적이 있다'고 응답했다. 특히 20대 젊은 층에서는 30퍼센트에 가까운 사람들이 그렇게 답변했다.

친절한 조언에도 반발심이 드는 까닭은 '무시당할까봐 두려운 마음'을 자극했기 때문이다. 다시 말해 자신감이 없어서다. 자신감이 부족하기 때문에 '날 바보 취급하면 어떡하지?', '가벼운 사람으로 보이지 않을까?'라는 불안한 마음이 들고, 가볍게 주의를 받거나 조언을 듣더라도 자신이 '부정당했다'고 느끼고 욱하는 것이다.

자신감이 없고 불안감이 크면 냉정한 지적이나 주의를 받아들일 만한 마음의 여유가 없다. 그래서 자신을 무시했다고 생각하고 감정적으로 반발하게 된다. 나를 진정으로 위하는 배려심이나 친절함에서 나온 조언일지라도, 자신에게 도움이 된다기보다는 윗사람한테 한소리 들었다고 받아들이는 것이다.

이로 미루어볼 때 주위 의견이나 조언을 진솔하게 받아들여 성장하기 위해서는 자신감을 가지고 '나를 얕보는 것이 아닐까?'라는 않을까 두려워하는 마음을 극복하는 자세가 필요하다.

자신감이 없으면
상대의 조언을 '나를 무시하는 행동'이라고 느낀다.

07

누구나 미움받고 싶지 않은
마음이 있다

대인관계에 너무 신경을 쓰느라 피곤했던 적은 없는가? 사람들과 잘 어울리고 이야기하는 걸 좋아하는 사람들도 인간관계는 상당히 신경 쓰이는 법이다. 특히나 남을 많이 배려하는 사람은 무척이나 많은 부분에 신경을 쓴다.

남들이 별 생각 없이 하는 말이나 태도에도 '저 사람은 무슨 생각을 하는 걸까?', '나랑 있는 게 지루하면 어떡하지?', '어쩐지 분위기가 어색한 것 같아' 등 많은 부분을 걱정한다.

'나쁜 인상을 주면 안 된다', '상처 주는 말을 해선 안 된다'고 생각하기 때문에 자신의 말과 태도에도 남들의 몇 배로 신경을 쓰고, 상대가 어떤 반응을 보이면 '나 때문에 화난 건 아니겠지?', '혹시 저 사람이 상처 받을 만한 말을 한 건 아닐까?' 하며 노심초사한다. 이런 식으로 상대방에게 너무 신경 쓰기 때문에 금세 지치고 대인관계에 소극적인 태도를 보이게 되는 것이다.

인간관계가 피곤하다는 사람들은 자신을 표현하는 방법을 잘 몰라서 고민하는 경우가 많다. 처음 만나는 사람이나 아직 친하지 않은 사람과 있으면 나의 어떤 모습을 드러내야 할지 감이 잡히지 않는다. 그래서 경직된 모습을 보이는 것이다.

예를 들어 직장 선배들과 좀처럼 친해지지 못하고 있는데, 사교적인 성격의 동기가 전혀 긴장하지 않고 농담을 하거나 그 자리에 완전히 녹아들어 있는 모습을 보면 '나도 열심히 노력해야지!' 하고 생각한다. 그런데도 마음과 달리 자꾸만 철벽을 치게 된다.

인간관계에 서투르고 정신적 피로를 잘 느끼는 사람은 자기표현을 두고 갈등할 때가 많다. 무심코 진짜 나를 드러내게 되면 남들이 이상한 사람이라고 생각하지는 않을까 하는 불안감이 있기 때문이다. 그래서 자신을 솔직하게 드러내지 못하고 인간관계에 소극적인 태도를 보이게 된다.

그 내면에는 심리학에서 말하는 '대인불안Social Anxiety'이 자리하고 있다. 다시 말해 인간관계에 대한 두려움이다. 여러분도 이런 불안을 느낀 적이 있지 않은가? 이를테면 사람들과 이야기하는 것을 두려워하는 감정이다. 이런 불안이 크면 친하지 않거나 잘 모르는 사람을 만나게 되었을 때 온갖 생각이 다 들기 때문에 만나기 전부터 긴장한다.

'대화가 잘 통할까?'

'무슨 말을 해야 하지?'

'엉뚱한 말을 해버리는 건 아니겠지.'

상대방이 나에게 호감을 갖지 않을까봐 두려워하는

마음도 있다. 우리는 누구나 남들에게 나쁜 인상을 주고 싶지 않고 자신을 호의적으로 봐주길 원한다. 하지만 이런 두려움이 크면 인간관계가 어렵고 자신감이 떨어지기 때문에 온갖 불안한 생각들이 밀려들어 상대의 말과 태도에 매우 예민해진다.

'날 좋게 생각해줄까?'

'날 싫어하지는 않을까?'

'날 귀찮아하면 어떡하지.'

소통에 자신이 없기 때문에 상대가 자신의 진심을 이해해줄지, 호의적으로 봐줄지 너무 불안해서 견딜 수 없는 것이다.

'나한테 공감해줄까?'

'날 이상한 사람이라고 생각하지는 않을까?'

'혹시 싫어하는 기색을 보이면 상처 받겠지?'

무슨 말을 하려고 할 때마다 이런 두려움을 느끼기 때문에 이야기하는 것을 주저하게 되고 말수가 적어진다. 이처럼 대인관계 전반에서 발생하는 불안을 '대인불안'이라고 한다.

여러분 중에도 이런 불안을 가진 사람이 있을 것이다. 이들의 마음속에는 '미움 받고 싶지 않다'는 속마음이 숨어 있다. 그렇다면 미움 받고 싶지 않은 마음이 만들어낸 속박에서 어떻게 벗어날 것인가? 그 점이 앞으로의 과제다.

\# 남의 눈을 너무 신경 쓰면
대인관계에 소극적이 된다.

08

삶을 괴롭히는
'좋은 사람'이라는 굴레

 다른 사람의 눈에 내가 어떻게 비칠지 신경 쓰여서 견딜 수가 없다. 남들이 날 어떻게 평가할지 무서워서 자유롭게 행동할 수 없다. 이런 고민을 하는 사람이 생각보다 많다. 사실 타인의 평가에 신경 쓰지 않는 사람은 없다.

물론 타인의 평가에 연연하지 않고 나답게 살아가면 그만이다. 하지만 살고 싶은 대로 살면 된다고 해서 다른 사람의 평가를 완전히 무시하고 살 수 있을까?

직장에서도 우리가 신경 써야 할 문제가 점점 늘고 있다. 옛날에는 같은 직장에 다니면 모두 한 배를 탄 동료라는 인식이 있었다. 하지만 서양식 인사평가 제도가 도입되면서 어떤 직장이든 직원을 평가하는 시스템이 생겼다. 시대의 흐름에 따라 끊임없이 누군가의 평가에 노출되는 것이다. 우리는 평가받고 있다는 사실을 의식할 수밖에 없게 되었다.

다른 사람의 평가를 의식하고 인정받기 위해 노력하는 것은 결코 잘못된 일이 아니다. 우리는 어렸을 때부터 부모님이나 선생님에게 인정받고 싶어서 열심히 노력했고, 그런 인정 욕구 Esteem Needs(매슬로우의 욕구 5단계 이론에서는 4단계 '존경의 욕구'에 해당한다)가 성장의 원동력이 되었다.

직장에서 '쓸 만한 인재', '능력 있는 사람'이라고 인정받기 위해 열심히 일하는 것은 나쁜 일이 아니다. 회사와 상사에게 인정받고 싶어서 필사적으로 노력하는 사람은 무척 많다.

마찬가지로 가정에서도 똑똑하고 야무진 주부, 의지할

수 있는 부모라는 인정을 받고 싶어서 자신의 역할에 최선을 다하는 것은 문제는커녕 오히려 훌륭한 일이라고 할 수 있다.

그런 마음이 있기 때문에 성장할 수 있는 법이고, 세상의 유능한 인재들도 모두 그렇게 살아왔다. 하지만 이런 마음이 너무 크면 우리의 삶이 무척 힘들어질 수 있다. 도를 넘어 무리하기 때문이다.

어렸을 때부터 엄마에게 착하다는 말을 듣기 위해 애썼다는 사람이 있다. 학교에서 선생님에게 칭찬받고 싶어서 노력했다는 사람도 있다. 이런 사람들은 주위의 평가를 지나치게 신경 쓰는 경향이 있다. 인정 욕구가 너무 강한 것이다.

사회에 나오면 노력한다고 항상 좋은 평가를 받는 것은 아니라는 사실을 알게 된다. 어떻게 해야 노력을 인정받는지 도무지 알 수 없을 때도 있다.

인정 욕구는 확실히 성장의 원동력이 된다. 하지만 타인의 인정에 너무 집착하게 되면 정작 내가 정말 무엇을 하고 싶은지, 어떻게 하고 싶은지, 무엇에 가치를 두고 있는지, 어떻게 살고 싶은지에 대해서는 소홀하기 쉽다. '나다움'을 잃고 다른 사람의 눈치만 살피게 되어 그런 자신이 싫어진다.

자신의 인정 욕구를 바탕으로 성장하면서 적당히 인정 욕구에서 벗어나 자유롭게 행동하는 자세가 중요하다. 인정 욕구를 살리는 법과 극복하는 법. 이 두 가지를 배우면 타인의 평가에 휘둘리지 않고 살아갈 수 있다.

인정받고자 하는 마음이 너무 크면
진정한 나를 잃게 된다.

09

억지로 꾹 참은 감정은
언젠가 터진다

인간관계를 어려워하는 사람들은 남들보다 더 조심하고 신경을 쓰는데도 자꾸 문제가 발생하거나 어색해지는 일이 있다. 그 이유는 자신의 감정을 너무 억누르기 때문이다. 억지로 꾹 참고 쌓아두었던 감정이 분노로 바뀌어 좀처럼 솔직해지지 못하고 나쁜 태도로 나타나는 것이다.

모든 사람이 하고 싶은 말을 거침없이 내뱉으며 자기

주장을 내세우면 수습이 안 되고, 이기적인 마음들이 충돌해 결국 분위기가 나빠진다. 다른 사람의 기분을 배려하며 어느 정도 자신의 감정을 다스리는 일은 중요하다. 거침없는 사람은 주위 사람의 기분을 전혀 배려하지 않고 이기적으로 굴기 때문에 주위에서 질려하는 경우도 많다.

"저 사람은 정말 제멋대로야."

"다른 사람의 기분이나 입장은 전혀 안중에도 없다니까."

반면 대인관계에서 배려를 많이 하는 사람들은 무례하게 행동하지는 않지만, 자신을 너무 억압하기 때문에 지쳐서 견딜 수 없는 지경에 이르기도 한다.

결국은 균형의 문제다. 타인의 감정과 입장을 배려하는 일도 중요하지만 자신의 감정과 입장 또한 중요한 법이다. 어느 한쪽을 무시하거나 대수롭지 않게 넘기면 문제가 발생하기 마련이다.

상대의 기분과 입장을 배려하지 않으면 반발심을 불러일으키고, 원만한 인간관계를 유지하기 어려워진다. 반대로 자신의 기분과 입장을 무시하고 무리하게 자신을 억누르면 언젠가는 더 이상 못 참지 못하고 감정이 폭발해서 소중한 사람들과의 관계를 엉망으로 만들게 될 위험성이 있다.

여기서의 과제는 상대를 배려하고 불쾌하게 만들지 않으면서도 자기주장을 적절하게 할 수 있게 되는 것이다.

#상대방을 배려하는 것도 중요하지만,
자신을 너무 억압해서는 안 된다.

10

한 번도 실수하지 않는
사람은 없다

고민거리가 많은 사람들은 '이런 내가 싫어', '난 망했어'라는 생각에 괴로울 때가 많다. 특히 밤에 혼자 있을 때면 낮에 자신이 했던 행동을 돌이켜보며 자기혐오에 빠진다.

"대체 내가 무슨 짓을 한 거지."

"어쩌다 이렇게 되어버린 걸까."

그러나 여기서 깨달아야 할 점은 그런 자신이 싫다거

나 가망이 없다며 자기혐오에 빠지는 것이 결코 나쁜 일이 아니라는 것이다.

무책임한 사람이라면 난감한 상황에 처했을 때 '이런 내가 싫어', '이러고 있을 때가 아닌데' 하면서 스스로를 탓할까? 그렇지 않을 것이다. 그런 사람은 직장에서 실수를 하거나 실례되는 말을 해서 상대방이 불쾌해하더라도, '에이, 괜찮아', '하는 수 없지, 뭐' 하면서 뻔뻔하게 나오거나 전혀 마음에 담아두지 않는다.

이런 점에서 볼 때 자기혐오는 더 나아지고자 하는 마음, 즉 향상심에서 비롯된다는 사실을 알 수 있다. 그러나 좋은 의도에서 비롯되었더라도 자신을 혐오하는 것은 괴로운 일이므로 자기혐오에서 벗어나고 싶어한다.

실수를 했을 때 좀 더 잘하고 싶은 마음과 실수하고 싶지 않은 마음이 있기 때문에 자기혐오에 빠진다. 잘하려는 의지나 남에게 폐를 끼치지 않으려는 마음이 없는 사람은 실수를 되짚어보지 않는다. 그렇기 때문에 자신의 잘못을 깨닫지 못해 자신을 미워하지 않는다.

좀 더 나은 내가 되려는 마음 때문에 다른 사람에게

상처 주는 말이나 행동을 했을 때 자기혐오에 빠지는 것이다. 남이야 어떻게 되든 상관없다고 생각하는 사람은 그럴 일이 없다.

"타성에 젖어 있는 생활은 싫어."

"살아 있다는 걸 실감하고 싶어."

이런 향상심 때문에 자신을 혐오하는 사람은 그저 적당히 흘러가는 삶에 만족하지 않는다. 보람 있는 삶을 추구하기 때문에 자기혐오도 생기는 것이다. 자기혐오에 시달린다는 것은 그만큼 향상심이 강하다는 증거다. 자신을 미워하는 마음 때문에 괴로워질 때는 그 사실을 꼭 기억하자.

근력 운동을 해본 적 있는가? 근력 운동을 할 때 느끼는 근육통은 근력이 단련되는 증거다. 그래서 그 통증을 상쾌하다고 생각한다. 마찬가지로 자기혐오로 인한 고민을 더 나은 삶을 위한 원동력으로 바꾸어보자.

\# 자기혐오는 더 나은 내가 되는 계기가 된다.

11

나는 진심으로
달라지고 싶은 걸까?

나를 바꾸고 싶은데 좀처럼 바뀌지 않는다. 이런 고민을 이야기하는 사람을 보면 때때로 '이 사람은 정말로 변하려는 마음이 있는 걸까?'라는 의문이 들 때가 있다. 여러분의 경우는 어떤가?

소극적인 성격을 바꾸고 싶다면서 이렇게 이야기하는 사람이 있다.

"이런 성격은 손해니까 좀 더 적극적인 사람이 되고 싶긴 한데…. 하지만 안 좋은 의미에서 적극적인 사람이 있잖아요? 자기 자랑을 늘어놓거나 뻔뻔하게 구는 사람 말예요. 그런 건 좀 싫어요."

너무 조심하느라 소극적으로 행동하다 손해를 보는 경우가 많아서 좀 더 적극적인 사람이 되고 싶다고 말하면서도 마음 한편에 적극적인 사람에 대한 거부감이 있다. 이런 마음으로는 적극적인 성격으로 바뀔 수 없다.

이렇게 말하는 사람도 있다.

"저는 내향적인 성격이라 무슨 말을 하려다가도 '이 상황에서 이런 말을 하면 좀 그런가?' 하고 망설이는 동안 화제가 바뀌어버려요. 대화의 중심에 있는 사람이 부럽고, 저도 좀 더 사교적인 사람이 되고 싶어요."

하지만 이런 고민을 가진 사람도 다음과 같은 말을 덧붙이곤 한다.

"그래도 사교적인 사람들은 좀 무신경하고 경박한 부분이 있잖아요. 남들을 대할 때 그렇게 무신경한 사람이 되고 싶지는 않아요."

결국 말로는 사교적인 사람이 부럽다고 하면서도 속

으로는 그렇게 무신경한 사람이 되고 싶지 않다는 마음이 있는 것이다. 이런 사례를 보면 이제까지와 다른 사람이 되고 싶은데 좀처럼 바뀌지 않는다는 사람들은 사실은 변하고 싶은 마음이 없다는 점을 알 수 있다.

머리로는 변하고 싶다고 생각할지 몰라도 '저런 건 좀 싫다', '저런 사람이 되고 싶지는 않아'라는 마음이 있는 것이다. 즉, 손해 보는 자신의 성격을 싫어하면서도 마음 한편에서는 그런 자신을 긍정적으로 생각하고 있다.

나를 바꾸고 싶다면 진심으로 달라지려는 마음이 있어야 한다. 나는 정말 달라지고 싶은 걸까? 아니면 현재의 모습에 애착을 가지고 있어 사실은 달라지고 싶은 마음이 없는 걸까?

자신을 바꾸고 싶은데 좀처럼 달라지지 않는다는 사람은 그런 관점으로 자신의 내면을 다시 한 번 돌이켜보자. 정말 바뀌고 싶은 마음이 있는지가 중요하다.

진심으로 달라지고 싶은가? 정말 진심인가?

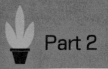
Part 2

나쁜 감정
스스로 정리법

WORK 01

우울함:
세상에 일부러 실수하는 사람은 없다

 안 좋은 일이 있으면 금방 우울해지고, 좀처럼 회복되지 않는다는 사람이 있다.

예를 들어 직장에서 실수라도 하면 자기혐오로 인해 세상만사가 다 싫어진다. 상사나 선배에게 꾸지람을 들으면 그 충격으로 일이 손에 잡히지 않는다. 직장에서 불편한 일이 생기면 출근할 마음이 들지 않아 휴가를 낸다. 친구한테 심한 말을 들으면 후유증이 오래 가고 너무 우울하며 친구 사이도 서먹해져서, 계속 신경을 쓰다가 지쳐버린다. 연인이 조금만 차가운 태도를 보이면 음식을 넘기지 못할 정도다.

이렇게 우울해지기 쉬운 까닭은 감정 조절이 잘 되지 않기 때문이다. 자신의 감정을 잘 다스릴 수 없기 때문에 다른 사람의 말과 태도에 일희일비하고 감정의 기복이 심한 것이다.

이러한 성향을 심리학에서는 '마음의 회복탄력성 Resilience'이 낮다고 말한다. 안 좋은 일이 있으면 누구나 의기소침해진다. 하지만 회복탄력성이 높은 사람은 잠시 우울해하다가도 금세 마음을 가다듬고 다시 일어선다. 반면에 회복탄력성이 낮은 사람은 우울한 감정이 오래 지속된다.

회복탄력성은 감정조절력의 열쇠다. 회복탄력성을 높이고 싶다면 감정을 다스리는 힘을 키워야 한다. 흔히 감정조절력을 키운다고 하면 감정 자체를 어떻게 다루어야 할지에 초점을 맞추기 쉽다. 하지만 사실 가장 중요한 것은 '인지'다. 현상을 인지하는 방식을 바꿔야 감정조절력이 생긴다.

예를 들어 쉽게 우울해하는 사람들은 직장에서 실수를 저질렀을 때 다음과 같은 반응을 보인다.

"어째서 난 늘 이 모양이지?"

"이런 실수를 하다니 난 정말 답이 없는 사람인가 봐."

이는 쉽게 우울해지는 사람의 전형적인 패턴이다. 이렇게 반응하면 우울하고 스스로가 싫어지며 동기 부여가 되지 않는다.

쉽게 우울해지는 성격을 고치고 싶다면 인지 습관을 바꿔야 한다. 인지 습관만 바로잡아도 자꾸 우울해지는 마음에서 벗어날 수 있다.

"나는 왜 항상 이 모양일까?"

여기서 잘못된 부분은 '왜'와 '항상'이다. 실수를 했을 때 '왜?'라고 말하며 실수를 한 자신을 탓하기 때문에 우울해지는 것이다. 세상에 일부러 실수를 하는 사람은 없다.

마음의 회복탄력성이 높은 사람은 '나는 왜 이 모양일까?'라고 생각하지 않고, '어떻게 해야 같은 실수를 반복하지 않을까?'라고 생각한다. 그렇기 때문에 우울함에 사로잡히지 않고 긍정적인 마음을 유지할 수 있다.

나는 왜 이 모양이냐며 자신을 탓한다고 해서 이미 일어난 일을 바꿀 수는 없다. 실수를 줄이려면 실수를 한 자신을 탓하기보다 앞으로 어떻게 해야 할지에 초점을 맞추어야 한다.

또한 나는 '항상' 실수를 한다고 일반화하기 때문에 '나는 안 되는 사람이야'라는 자기부정으로 이어져 우울해지는 경우도 많다. 실제로 매번 실수를 하지는 않았을 것이다. 실수 없이 잘 해낸 일도 많았을 것이다.

여기서 우리는 실수를 저질렀다는 사실이 기분을 우울하게 만드는 것이 아니라 그 사건을 받아들이는 방식이 우울한 감정을 일으킨다는 것을 알 수 있다. 일을 하면서 절대로 실수를 하지 않겠다는 다짐은 현실적이지 않다. 중요한 것은 실수를 했을 때 그 상황을 받아들이는 자세다.

핵심은 '왜?'를 '어떻게 하면 좋을까?'로 바꾸는 것, 그리고 '항상'이라고 일반화하지 않는 것이다. 우리의 인식을 이렇게 바꾸기만 해도 쉽게 우울해지는 마음을 좀처럼 우울해지지 않는 마음으로 바꿀 수 있다.

친구가 말을 함부로 하는 편이라 늘 상처 받고 우울하다는 경우도 그렇다. 왜 나한테 그런 식으로 말하냐고 생각하고, 친구의 말을 나에 대한 비난으로 받아들이기 때문에 서먹한 관계가 되는 것이다.

심한 말을 하는 친구가 왜 그런 식으로 말하는 건지 고민해봤자, 그 사람은 원래 그런 말투로 이야기하는 사람이기 때문에 내가 바꿀 수 없다. 그 대신 '어떻게 하면 그 사람과 잘 지낼 수 있을지'를 생각하면 상처가 되지 않을 것이다.

"저 사람은 말은 좀 함부로 해도, 나쁜 의도를 갖고 말하는 건 아니야."

"말투는 좀 심히지만 따뜻한 마음을 가진 사람이야."

이런 시각으로 바라볼 수 있다면 상처받고 우울해지는 일 없이 좋은 관계를 유지할 수 있다.

직장 상사나 선배가 업무에 대해 질책을 하면 충격을 받은 나머지 일이 손에 잡히지 않는다는 경우도 마찬가지다.

"이러다 완전히 밀려날 것 같아."

"이제 망했어."

이런 식으로 반응하는 사람은 무능하다는 소리를 들을까 걱정하거나 자신이 이 일에 맞지 않는다고 생각해 일이 손에 잡히지 않는다.

"크게 될 사람이라고 생각하니까 야단도 치는 거지."

"괜찮아. 이 실패를 경험 삼아 다음에 잘하면 돼."

이런 식으로 받아들일 수 있으면 우울해지는 게 아니라 오히려 동기부여가 될 것이다. 이런 사고방식을 가진 사람은 질책 당한 경험을 성장의 원동력으로 삼는다.

여기서의 핵심은 '이제 망했어'를 '괜찮아, 어떻게든 될 거야'로 바꾸는 것이다.

우리가 우울해지는 이유는 사건 자체가 아니라 그 사건을 받아들이는 방식 때문이라는 사실을 이해하게 되었을 것이다. 앞서 말했듯 똑같은 사건을 경험하더라도 우울감을 느끼는 사람도 있지만 별로 개의치 않아 하는 사람도 있다.

쉽게 우울해하는 사람은 사물을 받아들이는 방식, 즉

인지에 문제가 있다. 여기서 중요한 것은 나쁜 인지 습관을 깨닫고 고치는 일이다.

아마 그동안 우울함을 느꼈던 적이 많았기 때문에 스스로를 쉽게 우울해하는 성향이라고 생각했을 것이다. 그렇다면 어떤 일로 우울해졌는지 한번 돌이켜보자. 스스로 우울한 성향이라고 생각할 정도면 구체적인 상황을 몇 가지 정도는 떠올릴 수 있을 것이다.

그 당시 어떤 일이 있었는지, 자신이 어떤 반응을 보였는지 적어보자. 그리고 지금까지 있었던 일을 참고해서 그 반응의 어떤 점이 잘못되었는지, 어떤 식으로 받아들이면 좋았을지, 즉 인지 방식을 어떻게 고치면 좋을지 정리해보자.

- 〈WORK 01〉을 실제로 작성해보자.
- 어떤 식으로 써야 할지 모르겠다면 뒷장의 예시를 참고하자.

· WORK 01 ·

'나를 우울하게 한 사건'을 적어보자.

▶ 어떤 사건 때문에 우울했는가?

▶ 그때 나는 어떻게 반응했는가?

▶ 그 반응의 어떤 점이 잘못되었다고 생각하는가?

▶ 그때 어떻게 반응했으면 좋았을까?

어떻게 써야 할지 모르겠다면 이 예시를 참고하자.

'나를 우울하게 한 사건'을 적어보자.

▶ **어떤 사건 때문에 우울했는가?**

일을 하다 실수를 해서 상사한테 혼났다.

▶ **그때 나는 어떻게 반응했는가?**

'큰일 났다, 이러다간 무시당할 거야!'라는 생각이 들어서 불안해졌고,

이 일이 나한테 안 맞나 싶어서 너무 우울해졌다.

▶ **그 반응의 어떤 점이 잘못되었다고 생각하는가?**

문제가 있으면 바로잡으면 된다. 무시당할 거라는 두려움이나 업무가

안 맞는 것 같다는 생각도 사실 그저 주관적인 느낌에 지나지 않는다.

▶ **그때 어떻게 반응했으면 좋았을까?**

'같은 실수를 반복하지 않도록 주의해야겠다', '이 녀석은 될 놈이라고

생각하니까 야단도 치는 거겠지'라고 생각하고 깊이 반성했으면 좋았을

것 같다.

그럼 어떻게 해야 할까?

'나를 우울하게 한 사건'에서 나의 인지 방식에 문제가 있었다는 사실을 이해했을 것이다.

우울함을 자주 느끼는 사람은 '어쩌다 이렇게 된 거지?', '어쩌서 내가 이런 꼴을 당해야 하는 거야?'라는 식으로 원망하거나, '난 왜 늘 이 모양일까?', '저 사람은 왜 항상 저런 식으로 말하는 거야?'라며 성급한 일반화를 하는 경향이 있다.

'왜?'를 '어떻게 하면 좋을까?'로 바꾸는 것, 그리고 '항상'이라고 일반화하지 않는 것이 요령이다. 나를 우울하게 한 사건에 대해 적을 때 이를 실천해보자. '난 안 될 거야'라는 비관적인 인식을 '다 잘 될 거야'라는 낙관적인 인식으로 바꾸는 자세도 필요하다.

이와 다른 반응을 보인 사람도 있을 것이다. 그런 경우에도 〈WORK 01〉에서 다룬 사례와 달라서 잘 모르겠다고 하지 말고, 자신의 반응에서 어떤 부분이 마음을 우울

하게 만드는지 생각해보자. 그리고 답을 찾았다면 어떤
식으로 고치는 것이 좋을지 생각해보자.

누구에게나 '인지 방식의 습관'이 있다. 그 나쁜 습관을
찾아내서 인지 방식을 바꾸면 쉽게 우울해지는 성향을
바꿀 수 있다.

나의 인지 방식에서 고쳐야 할 점과 그 방법을 깨달았
다면, 앞으로는 이를 항상 의식하도록 하자.

WORK 02

욱하는 성격:
모든 관계는 이기고 지는 문제가 아니다

 쉽게 화를 내고 사소한 일에 욱하는 성격을 고치고 싶다는 사람이 있다.

예를 들어 다른 사람에게 지적을 당하면 울컥 화가 난다. 곧바로 변명을 하거나 불만을 표현하기도 하고 적반하장으로 화를 낼 때도 있다. 그러다 보니 직장 상사나 선배들과 불편한 관계가 되고 친구들과도 멀어진다. 친구의 말이나 태도에 욱하는 바람에 공격적으로 대응해서

Part 2. 나쁜 감정 스스로 정리법 ＊ **69**

껄끄러운 사이가 될 때가 있다. 상대의 반응이 내가 기대한 것과 다르면 불쾌한 기색이 바로 얼굴에 드러나고 삐딱하게 말한다. 직장에서 생각만큼 좋은 결과가 나오지 않으면 주위에 괜히 화풀이를 하거나 기분 나쁜 티를 낸다.

이렇게 매사에 일일이 감정적으로 반응하면 인간관계가 어렵고 정신적 소모도 크다. 감정에 휘둘리지 않는다면 좋은 관계를 유지할 수 있고 마음도 편할 것이다.

왜 이런 식으로 금세 화를 내게 되는 걸까? 어째서 사소한 일에 욱하는 걸까? 이 경우에도 감정을 제대로 조절하지 못하는 상태다. 쉽게 우울해지는 마음과 마찬가지로 사물을 받아들이는 방식, 즉 인지에 문제가 있는 것이다. 인지 방식을 바꾸면 일일이 감정적으로 반응하지 않게 되어 원만한 인간관계를 유지할 수 있다.

〈WORK 01〉에서 다룬 것처럼 '자꾸 우울해지는 마음'은 사건 때문이 아니라 인지 방식이 잘못되었기 때문이다. 인지 방식을 바꾸면 우울함을 느끼는 일도 자연스럽게 사라진다.

사소한 일에 욱하는 것 또한 사건 탓이 아니라 인지가 잘못되었기 때문에 화가 나고 분노가 폭발하는 것이다. 인지 방식이 달라지면 화가 날 일도 사라진다.

예를 들어 다른 사람에게 지적을 당할 때 분노가 치민다는 사람은 '나를 무시하는 듯한 태도에 화가 난다'는 말을 자주 입에 담는다.

누구나 지적을 당하면 어느 정도는 상처를 받기 마련이다. 하지만 금세 욱하는 사람은 모든 일을 '상하 관계', 다시 말해 '이기고 지는 문제'로 생각하는 인지 습관을 가지고 있다. 나한테 부족한 점이 있어서 지적을 당했을 뿐인데 그 문제를 '이기고 지는 문제'로 받아들이게 되면, 나는 '패배'하고 상대방은 '승자'가 되어 '나를 내려다보고 있는 것'이 된다.

그 증거로 다른 사람에게 지적을 당할 때 화가 난다는 사람은 조언을 들을 때도 욱하는 경향을 보인다. 조언이란 남에게 화를 내거나 업신여기는 등 공격을 하는 행동이 아니라 그저 상대가 더 잘되면 좋겠다는 친절한 마음에서 나올 때가 많다.

'이렇게 하면 좀 더 효율적으로 할 수 있을 텐데.'

'많이 힘들어 보이는데, 쉽게 할 수 있는 방법을 가르쳐 주고 싶다.'

'잘 모르는 것 같으니까 내가 알고 있는 내용을 알려 줘야지.'

이렇게 생각하니까 조언도 하는 법이다. 상대가 어떻게 되든 상관없다고 생각한다면 일부러 조언을 하지도 않을 것이다. 그런 의미에서 보면 조언은 나를 도와주기 위한 고마운 일이다.

머리로는 알고 있는데도 감정적으로 반발하는 이유는 무의식중에 조언조차 '이기고 지는 문제'로 인식하기 때문이다. 이런 사고방식 때문에 '친절하게 가르쳐준 덕분에 살았어'가 아니라 '되게 잘난 척 하네'로 받아들인다. 그러다 보니 '그 문제는 내가 더 잘 알고 있는 것 같은데', '너보다 내가 더 잘 할 수 있어'라고 말하는 듯한 상대방의 여유로운 태도가 마음에 들지 않고, '날 무시하는 것 같아서 화가 나'라면서 욱하는 것이다.

금세 욱하는 성격을 고치고 싶다면 매사를 이기고

지는 문제로 보는 것을 그만두어야 한다. 인지 방식을 바꾸면 다른 사람의 지적이나 조언에 화를 내는 게 아니라 더 나은 방향으로 나아가기 위한 도구로 활용할 수 있다. 인간관계에서 발생하는 문제도 줄어들 것이다.

또 하나 중요한 것이 있다. 바로 내면의 욕구불만을 어느 정도 해소하는 일이다. 이는 앞에서 소개한 '좌절-공격 가설'과도 이어지는데, 좌절된 욕구를 마음에 품고 있으면 주위 사람들이 내게 하는 별것 아닌 말과 태도에도 화가 나기 쉽다.

아기를 출산한 어느 인기 배우가 자신의 블로그에 이런 글을 남겼다. 배 속에 있던 아기가 자신의 품에서 새근새근 잠들어 있는 얼굴을 보고 있으면 무척 사랑스럽고, 이제까지 경험한 적 없는 행복함을 느낀다는 내용이었다. 그런데 별문제 없어 보이는 이 글에 예상치 못한 반응이 나타났다. '그 말인즉슨 아이를 낳지 못하는 여자는 행복해질 수 없다는 뜻이냐, 아이를 낳자마자 출산 경험이 없는 다른 여자들을 깔보기 시작했다'며 비난이 쇄도한 것이다.

그 비난 속에는 부러워하는 마음이 숨어 있다는 사실이 너무도 빤히 보였다. 다만 그 정도로 날선 댓글을 달 정도라면 단순히 부러워하는 마음만 있지는 않았을 것이다. 자신은 인지하지 못했지만 분명 또 다른 마음이 영향을 끼쳤을 것이다.

아기를 품에 안고 바라보고 있으면 행복한 기분이 든다는 말을 아이를 낳지 못하는 여자는 행복해질 수 없다는 공격적인 메시지로 과대 해석하는 심리는 자기 자신의 내면에 있는 부정적인 마음이 투사되기 때문이다.

투사Projection란 자신이 상대방을 공격하고 싶다는 충동을 인정하고 싶지 않을 때 내가 아니라 상대방이 나를 공격하려 한다고 믿는 것이다. 그렇기 때문에 자신의 내면에 공격충동Aggressive Impulse이 꿈틀거리고 있다는 사실을 인정하지 않는다. 그뿐 아니라, 상대방이 먼저 공격했다는 일견 정당해 보이는 이유를 대며 상대를 향해 공격

충동을 당당하게 드러낸다.

조금 전의 사례에서 보면 아기를 품에 안고 바라보고 있으면 행복한 기분이 든다는 말에는 아무런 공격성도 내재되어 있지 않다. 그 글을 읽는 사람의 내면에 있는 공격 충동이 촉발되어 아이를 낳지 않는 여자는 행복해질 수 없다는 식의 공격적인 메시지로 과대 해석하는 것이다. 결국 공격성은 비판하는 사람의 내면에 있다고 할 수 있다.

그렇다면 이토록 공격적으로 반응하는 이유는 무엇일까? 바로 자신의 일상생활에 만족하지 못해서 욕구불만을 품고 있기 때문이다.

자신의 삶을 있는 그대로 인정하지 못하고 욕구가 채워지지 않은 상태이기 때문에, 행복한 사람을 보면 스스로가 비참하게 느껴져서 자신도 모르게 공격적으로 반응하게 된다. 이때 '적대적 귀인 편향Hostile Attribution Bias, HAB'이라는 인지 왜곡이 일어난다.

보통 사람이라면 불쾌해하지 않을 말과 행동에도 하나하나 감정적으로 반응하는 사람이 있다. 주위 사람들은

'왜 저렇게까지 정색하는 거지?', '그런 식으로 삐딱하게 받아들이지 않아도 될 텐데' 하고 생각할 것이다. 그 안에는 모든 것을 악의적으로 해석하는 인지 왜곡이 자리 잡고 있다.

상대방에게는 아무런 악의도 없는데 자신은 공격을 받았다고 생각한다. 이러한 인지 왜곡을 '적대적 귀인 편향'이라고 한다. 이는 타인의 말과 태도를 적대적으로 받아들이는, 다시 말해 상대방이 적의를 품고 있다고 여기는 인지적 왜곡이다. 이를테면 상대방에게 어떤 말을 들었을 때 그 안에 적대심을 감추고 있다고 생각하거나 자신을 바보 취급했다는 식으로 나쁘게 해석하는 것이다.

이렇게 해석하니 상대방은 가해자, 자신은 피해자라고 여기게 된다. 그래서 자신에게 적의를 드러내는 사람에게 되갚아주어야 한다고 생각한다. 일부러 공격적인 태도를 취해 인간관계를 악화시키기도 한다.

이런 사람들은 친구의 별것 아닌 말이나 태도에도 적의를 느껴 자신을 따돌리거나 싫어한다는 식으로 나쁘게 해석한다. 한마디로 말해 피해의식이 심한 것이다. 그 결과, 상대방에게 공격성을 드러내서 불편한 관계가 되거나 제3자에게 그 사람의 험담을 해서 문제를 일으키기도 한다. 이렇듯 적대적 귀인 편향을 비롯한 인지 왜곡의 배경에는 '무시당할까봐 두려운 마음'이 숨어 있다.

다른 사람의 말과 태도에 금세 욱하는 사람이 있다면 지금까지 어떤 상황에서 화가 났었는지 떠올려보자. 모든 일을 이기고 지는 문제로 받아들이지는 않았는지, 내 안에 무시당할까봐 두려운 마음은 없었는지, 평소 인간관계에서 적대적 귀인 편향에 휘둘리는 일은 없었는지, 다시 한 번 돌이켜보자.

'다른 사람의 말과 행동, 태도 때문에 화가 났을 때'에 대해 적어보자.

▶ 상대의 어떤 말과 행동에 화가 났는가?

▶ 그때 나는 어떤 식으로 받아들였는가?

▶ 내 반응에 혹시 문제는 없었는가?

▶ 어떻게 받아들였으면 좋았을까?

어떻게 써야 할지 모르겠다면 이 예시를 참고하자.

'다른 사람의 말과 행동, 태도 때문에 화가 났을 때'에 대해 적어보자.

▶ **상대의 어떤 말과 행동에 화가 났는가?**

직장 동료에게서 "왜 그런 식으로 하는 거야? 이렇게 하는 게 더 효율적

인데"라는 말을 듣고 화가 났다.

▶ **그때 나는 어떤 식으로 받아들였는가?**

아무리 생각해도 자기가 더 잘할 수 있다고 잘난 척하는 것으로 보였고,

나를 업신여기는 것 같아 화가 났다.

▶ **내 반응에 문제는 없었는가?**

직장 동료는 더 좋은 방법이 있다는 것을 알려준 것인데 내가 삐딱하게

받아들였던 것 같다.

▶ **어떻게 받아들였으면 좋았을까?**

"나한테도 나만의 방식이 있어. 그래도 나를 생각해서 다른 방법을 알려

준 건 고마워"라고 대답했으면 좋았을 것 같다.

그럼 어떻게 해야 할까?

다른 사람들의 어떤 말과 태도에 화가 나는지 이해했는가? 내가 어떤 말과 태도에 반응하는지 알면 욱하는 감정을 조절할 수 있다. 좀 더 근본적인 대책을 통해 화를 잘 내는 성격에서 벗어날 수도 있다. 바로 인지 왜곡을 바로잡는 것이다.

예를 들어 다른 사람에게 조언을 듣고서 화가 났다면 상대방의 말투나 표정을 떠올려보자. 그 사람에게는 나를 바보 취급하려는 의도가 없었다는 사실을 깨닫게 될 것이다.

상대방에게 나쁜 의도가 있었다면 굳이 충고할 필요 없이 효율이 떨어지는 방식으로 일하는 모습을 보며 속으로 비웃으면 된다. 일부러 좋은 방법을 가르쳐줄 필요가 없다. 그렇게 생각해보면 욱하기는커녕 고마운 마음이 들 것이다.

이렇듯 화나는 일이 있을 때 내가 어떤 식으로 받아들

였는지 돌이켜보고, 어떤 식으로 왜곡되었는지, 어떤 식으로 고쳐나갈지 생각해보자.

금세 욱하는 이유는 상대방 때문이 아니라 내가 받아들이는 방식이 왜곡되어 있기 때문임을 명심하자. 이런 관점에서 확인해보면 자신의 인지 왜곡과 그 개선법을 찾아낼 수 있을 것이다.

WORK 03

질투심:
원래 친구의 성공이 가장 배 아픈 법이다

 남을 시기하는 내 모습이 싫고 자꾸만 질투를 하는 자신을 바꾸고 싶다는 사람이 있다.

언제나 대화의 중심에 있는 친구가 부러워서 자신도 모르게 쌀쌀맞게 대한다. 친구가 연애를 시작하면 겉으로는 잘됐다고 말하지만 속으로는 분한 마음이 들고, 연인의 태도가 차갑다고 하소연하면 위로해주면서도 내심 고소하게 생각한다. 혹은 직장에서 승승장구하는 동료가 있으면 진심으로 축하해주지 못하고 자신도 모르게 적개심을 품는다. 그 동료가 실수를 하면 속으로 기뻐한다. 더 나아가 누군가를 부러워하는 마음이 너무 커지면 공격성이 모습을 드러내기도 한다. 이런 한심한 모습이 너무 싫어서, 질투하는 성격을 어떻게든 고치고 싶다는 것이다.

사실 잘나가는 직장 동료를 진심으로 축하해주지 못하는 사람은 흔하다. 원래 질투심을 버리기는 무척 어렵다.

하지만 동료에게 안 좋은 일이 있을 때 위로의 말을 건네면서 속으로는 쌤통이라고 생각하거나, 동료의 실수를 기뻐할 정도라면 확실히 마음이 편치 않을 것이다. 그런 자신의 모습이 싫어지는 것도 당연하다.

"친구의 행복을 진심으로 축복해주지 못하다니…. 난 친구라고 말할 자격도 없어."

"동료를 질투해서 실패하길 바라거나 실수를 기뻐한다면 사람도 아니지."

이렇게 말하며 자기부정에 빠지지 말자. 딱히 질투가 심한 성격이 아니더라도 사회적으로 성공한 사람, 공부를 잘하는 사람, 인간관계가 원만한 사람, 연애를 잘하는 사람 등 행복해 보이는 사람을 보면 누구나 부러운 마음이 들기 마련이다. 이는 매우 자연스러운 인간의 본능이다. 참 한심하고 못난 마음이지만 그래서 오히려 인간미가 느껴지기도 한다. 그리고 그런 내면에는 비교심리가 있다.

우리가 남들과 자신을 비교하는 이유는 내가 혜택 받는 입장인지 아닌지, 내가 행복한지 아닌지의 문제에 절대적인 기준이 없기 때문이다.

예를 들어 자신의 수입이 적절한지 궁금한 사람은 다른 사람이 얼마를 버는지 알아보면 된다. 평균치와 비교해서 그보다 많으면 만족하고 적으면 불만을 품는 것이다. 그러나 내가 일을 잘하는지 아닌지, 내가 행복한지 아닌지 같은 문제에는 사회적 평균이라는 객관적인 기준이 없다. 그렇기 때문에 쉽게 가까운 사람과 비교해서 판단하게 된다.

심리학에서는 다른 사람과 비교하는 것을 '사회적 비교Social Comparison'라고 한다. 평균치 같은 객관적 기준이 없을 때는 주위 사람과 비교해서 자신이 납득하고 만족해야 하는지 아닌지 판단하기 때문이다. 질투심은 이러한 비교심리에서 비롯된다.

우리는 자신이 유능한지 아닌지, 행복한지 아닌지 알고 싶을 때 완전한 타인보다 가까운 주위 사람과 비교한다. 비슷한 입장인 사람이 아니면 비교 기준이 성립하지 않기 때문이다. 창업 성공 신화를 쓴 유명 인사, 특별한 재능이 빛나는 인기 배우, 누구나 알 만한 운동선수와 비교하는 건 애초에 재능도 상황도 너무 다르기 때문에 의미가 없다. 그렇기 때문에 질투의 대상도 가까운 친구나 동료가 될 수밖에 없다.

사람들은 보통 친하지 않은 사람을 상대로 공격성을 드러낸다면 모를까, 가까운 친구의 성공과 행복을 진심으로 기뻐하지 못한다는 사실에 자책한다. 질투로 인한 공격성을 감추고 있는 자신이 너무 싫고 용서할 수 없는 것이다.

그러나 이는 전혀 걱정할 일이 아니다. 가까운 친구이기에 오히려 시샘하고 질투하는 법이다. 잘 모르는 사람이 복권에 당첨되면 아무렇지도 않지만 친구가 복권에 당첨되면 부러워서 견딜 수가 없다. 친하지 않은 직장 동료가 연애를 시작해서 행복해 보이는 건 아무렇지 않지만, 친구에게 연인이 생겨서 행복해하면 어쩐지 비참한 기분이 들고 샘이 난다. 이야기를 나눈 적도 거의 없는 직장 동료가 표창을 받거나 승진을 하면 아무렇지 않은데, 친구가 표창을 받거나 승진을 하면 '난 대체 뭘 하고 있는 걸까' 하는 생각이 들어 우울해지고 친구를 질투하게 된다. 이런 마음이 드는 것은 매우 자연스러운 일이다.

하지만 가벼운 시샘에서 끝나지 않고, 그 사람의 실패나 불행을 빈다거나 면전에서 대놓고 빈정대거나 뒤에서 그 사람의 험담을 하고 싶지는 않을 것이다. 그런 자신의 모습을 깨닫는 것도 괴로운 법이다.

바로 이럴 때 내가 잘하는 분야를 통해 자신감을 되찾거나 내 삶의 만족도를 높이는 것이 중요하다. 스스로에게 자신감을 가질 수 있으면, 다른 분야에서 나보다 뛰어난 사람이 주위에 있더라도 질투가 공격성으로 표출되지 않는다. 또는 일이든 취미 생활이든 사적인 관계에서든 하루하루를 충실하게 살아간다면, 다른 분야에서 나보다 우위에 서 있는 사람이 가까이 있더라도 질투에 사로잡혀 흉한 꼴을 보이는 일은 없을 것이다.

예를 들어 어떤 사람을 만나도 금방 마음을 터놓고 친근하게 이야기하며 언제나 분위기를 이끄는 친구가 있다고 하자. 그러면 '다른 사람들과 저렇게 금방 친해질 수 있다니 정말 좋겠다'는 부러운 마음이 드는 동시에 '그에 비해 나는…' 하면서 우울해질 수도 있다. 하지만 다른 분야에서는 자신이 있다거나 본인의 현재 상태에 만족한다면 질투심이 폭발하는 일은 없다.

"나는 낯을 가리고 사교성도 부족하지만, 이성에게는 인기 있는 편이야."

"나는 저렇게 다른 사람들과 금방 마음을 터놓고 말하지는 못해도 허물없이 뭐든지 이야기할 수 있는 친한 친구가 있으니까 괜찮아."

"누구와도 금방 친해지는 건 부럽지만 직장 생활은 내가 더 열심히 하고 있을걸."

이런 식으로 생각해보자. 누군가를 부러워하는 마음이 들더라도 그 사람에게 공격적인 행동을 하게 될 일은 없다.

누군가를 질투하는 자신의 모습이 싫다면 다른 사람에게 질투심을 느꼈을 때의 일을 떠올리며 〈WORK 03〉을 작성해보자.

'다른 사람을 질투했을 때'에 대해 적어보자.

▶ 어떤 사건이 질투심을 자극했는가?

▶ 그때 나는 어떤 말과 태도를 보였는가?

▶ 그때 나의 속마음은 어땠는가?

▶ '질투심을 누그러뜨리기 위해 평소에 주의할 점'에 대해 생각나는
대로 써보자.

그럼 어떻게 해야 할까?

이제 내가 어떤 상황에서 질투를 하는지, 질투가 날 때 어떤 말과 행동을 하는지 등 자신의 패턴을 파악했을 것이다. 패턴을 파악하면 내가 어떤 상황에서 질투 때문에 못난 말과 행동을 하게 되는지 알고 조심할 수 있다.

또한 질투심에 사로잡혀 싫은 소리를 하거나 안 좋은 태도를 보였을 때 나의 진짜 속마음이 어땠는지 생각해 보면, 남을 질투해봤자 마음만 불편할 뿐 나한테 좋을 것도 없다는 사실을 확실히 깨닫는다.

남을 질투하는 못난 모습은 누구에게도 보이고 싶지 않다. 그럴 때 내가 자신 있는 분야를 확보하거나 내 삶의 만족도를 높이는 것이 중요하다.

삶의 만족도를 높이기 위해 평소에 주의해야 할 점은 무엇일까? 지금 당장 내가 할 수 있는 일은 무엇일까? 다시 한 번 WORK로 돌아가서 차근차근 생각해보자.

내가 무엇을 해야 하는지, 무엇을 할 수 있을지 생각할 때 실마리가 되는 것이 바로 성공했던 경험이다. 이런 일을 했더니 칭찬을 들었다, 이런 분야에서 남들보다 잘했던 적이 있다 등 성공 경험들을 하나하나 떠올려보자. 내가 잘할 수 있고 자신감을 가질 수 있는 분야가 무엇인지 깨닫게 될 것이다.

어떻게 하면 삶의 만족도가 올라갈지 생각해보는 것도 중요하다. 시간 가는 줄 모르고 몰두하게 되는 일, 하고 있으면 즐거운 일, 아무리 장시간 하더라도 질리지 않는 일이 있는가? 보람을 느꼈던 일은 없었는가? 이런 식으로 돌이켜보면 조금이라도 내 삶의 만족도를 높일 수 있는 방법을 깨닫게 될 것이다.

눈치 보는 나:
'나'는 다른 사람의 거울이다

 타인의 시선에 너무 신경 쓰는 성격을 고치고 싶다는 사람이 있다.

여럿이 이야기하고 있을 때 다른 사람의 이야기를 듣고 할 말이 떠오르더라도 '이렇게 말했다가 혹시 기분 나빠하는 사람이 있으면 어떡하지?', '이런 이야기를 하면 이상하게 생각하지 않을까?' 하는 생각이 들어 망설인다. 그러는 사이 화제가 바뀌어 말할 기회를 잃는 일이 많다.

결국 언제나 말없이 듣는 역할만 하게 되어 스트레스가 쌓인다. 마음 내키는 대로 할 말을 다 하고 사는 사람이 부럽다. 그러다 보니 늘 남의 눈을 신경 쓰는 자신을 탓하게 된다.

여기에 공감하는 사람은 사실 무척 많다. 상대가 자신을 어떻게 생각할지, 상대방이 어떤 기분일지 신경 쓰여서 좀처럼 자기 생각을 말로 표현하지 못하겠다는 이야기를 자주 듣는다. 타인의 시선에서 자유로워지면 얼마나 편할까? 누구나 이런 생각을 한다.

하지만 다른 사람의 시선을 신경 쓰는 것은 이제부터 설명할 두 가지 이유에서 당연하다고 할 수 있다. 게다가 남의 눈을 신경 쓰지 않는 사람일수록 오히려 사회에 잘 적응하지 못하는 경향이 있으므로 타인의 시선을 신경 쓸 필요도 있다는 사실을 알아두자.

우선 첫 번째, 우리의 자기상Self-image은 타인의 시선에 의해 만들어지기 때문에 다른 사람의 시선에 민감하지 않은 사람은 착각에 빠져 있는 경우가 많다.

미국의 사회학자 쿨리는 자기Self란 모두 사회적 자기이

며, 타인의 눈에 비친 존재라는 의미로 '거울에 비친 자기
Looking-glass Self'라고 말했다. 우리의 자기는 타자와의 상호
작용을 통해서 형성되며, 타자를 거울삼아 비추는 행위
를 통해 알 수 있다는 뜻이다.

거울로 비추지 않으면 자기의 얼굴을 알 수 없듯이 타
자를 거울삼아 비춰 보지 않으면 자기에 대해 알기 힘들
다. 다시 말해 남의 눈에 비친 모습이 자기인 셈이다. 이
이야기를 듣고 '남의 눈에 비친 모습이 나라니, 이해할 수
없어'라고 생각할 수도 있다.

하지만 여기서 잠깐 생각해보자. 나의 자기상은 어떻
게 해서 갖게 된 것인가?

우선 자신의 자기상에 대해 101쪽 기입란에 간단히
적어보자. 항목별로 적어도 괜찮다. 그리고 왜 그렇게 생
각하게 되었는지 곰곰이 돌이켜보자. 어떤 계기라든지
다른 사람들에게 자주 들었던 말이 있을 것이다. 그것
을 적어보자. 이 WORK를 통해 우리의 자기상은 다른
사람에게 들은 말이나 태도에 의해 만들어졌다는 사실
을 이해하게 될 것이다.

예를 들어 어릴 때 부모에게서 "너는 신경질적인 애야"라는 말을 듣거나 학교 선생님에게서 "너는 별 걸 다 신경 쓰는구나"라는 말을 듣게 되면 '나는 신경질적이고 사소한 일에 신경 쓰는 예민한 사람'이라는 자기상이 만들어진다.

평소에 친구에게서 "넌 정말 착해"라는 말을 듣거나 선생님에게 "넌 착한 아이야"라는 말을 듣게 되면 '나는 착한 사람'이라고 생각하게 된다. 친구들이 자주 고민 상담을 해오면 '나는 사람들이 의지할 수 있는 타입'이라고 생각한다.

어릴 때부터 친구들이 쉽게 말을 거는 편이 아니었다거나 어른이 된 뒤에도 직장 사람들이 편하게 말을 건네지 않으면, '나는 사교성이 좀 부족한 타입'이라고 생각하게 된다. 이렇듯 우리들의 자기상은 타인의 시선에 의해서 만들어진다.

남의 눈을 그다지 신경 쓰지 않는 사람, 다시 말해 타인의 시선에 둔감한 사람은 남들이 어떻게 생각하든 상관없이 자유롭게 사는 것 같아 부럽다고 생각할지도 모른다. 하지만 그런 사람들은 착각에 사로잡힌 자기상을 가지고 있을 수도 있다.

이렇게 착각하는 경향은 자기상, 즉 자신의 이미지에만 국한되지 않는다. 다른 사람들을 대할 때도 착각에 빠져서 상대방을 배려하지 못하고 엉뚱한 반응을 보이거나 상대를 난처하게 만들기도 한다.

이를테면 주위 사람들이 지겨워하는데도 아랑곳하지 않고 자기 말만 계속하는 사람이 있다. 상대가 별로 좋아하지 않는데도 눈치 없이 혼자 친하다고 믿어 이것저것 권유하는 사람도 있다. 상대가 불편해하는 데도 알아차리지 못하고 원치 않는 친절을 베푸는 사람도 있다. 아무리 타인의 시선에서 자유롭게 살아간다고 해도 그런 사람이 부럽지는 않을 것이다.

두 번째, 우리가 남의 시선을 신경 쓰게 되는 또 하나의 이유가 있다. 바로 우리가 관계의 문화에서 태어나고 자랐기 때문이다. 내 전문 분야인 '자기'의 심리학에서는 서양 문화를 자기중심의 문화, 동양 문화를 관계의 문화라고 말한다.

자기중심의 문화에서는 자신의 생각을 마음껏 주장해

도 되고, 어떤 말을 할지 말지 판단하는 기준은 자신의 의견에 달렸다. 자기중심의 문화에서는 모든 일을 자신의 기분이나 입장에 따라 판단하면 된다.

서양 문화는 그야말로 자기중심의 문화라고 할 수 있다. 이러한 자기중심의 문화 속에서 자기를 형성한 서양 사람들의 자기는 개인으로서 독립되어 있고 타인으로부터 분리되어 있다.

반면 관계의 문화에서는 일방적인 자기주장으로 다른 사람을 곤란하게 하거나 기분 나쁘게 해서는 안 된다. 어떤 말을 할지 말지는 상대의 기분이나 입장을 배려해서 판단해야 한다. 관계의 문화에서는 모든 일을 다른 사람의 감정과 입장을 고려하면서 판단하게 된다.

동양 문화는 그야말로 관계의 문화라고 할 수 있다. 이러한 관계의 문화 속에서 자기를 형성한 동양 사람들의 자기는 개인으로 닫혀 있지 않고 타인을 향해 열려 있다. 당연히 타인의 시선이 신경 쓰일 수밖에 없다. 다른 사람의 기분과 입장을 배려하기 위해서는 남들이 어떻게 생각하고 있는지 알아야 하기 때문이다.

다른 사람의 기분 따위는 신경 쓰지 않는다면 타인의 시선을 의식하지 않고 편하게 살 수 있겠지만, 현실적으로 그럴 수는 없다. 결국 우리는 '남의 눈'이란 '상대방의 마음'과 같다는 사실을 의식하면서 이기적인 마음을 조절하고 있는 것이다.

서양 문화에 도취된 사람들은 동양적인 자기 본연의 자세에 대해 주체적이지 못하고 미숙한 태도라며 비판한다. 그러나 동양 문화의 기준에서 보면 타인으로부터 완전히 분리되어 개인으로서 독립한 서양적인 자기야말로 타인에 대한 배려가 없으며 이기적이고 미숙하다는 뜻이 된다.

관계의 문화 특유의 자기주장을 적당히 억누르고 상대를 존중하고자 하는 태도, 다시 말해 개인감정만 고집하지 않고 타인에 대해 열린 자세가 다툼 없는 조화로운 사회를 만들어가는 것이다.

이런 관점에서 보면 남의 눈이 신경 쓰이는 것은 당연한 일이다. 특히 동양인에게는 더더욱 필요한 특성이므로 걱정할 필요가 없다.

'자기상'에 대해 적어보자.

▶ 나는 어떤 자기상을 가지고 있는가?

▶ 그런 자기상을 가지게 된 계기는 무엇인가?

그럼 어떻게 해야 할까?

앞에서 스스로 생각하는 자기상에 대해 몇 가지를 적어 보았을 것이다. 어떤 계기로 그런 자기상을 가지게 되었 는지 기억하는가?

자기에 대해서는 자기 자신이 제일 잘 안다고 생각하 기 쉽다. 하지만 이 WORK를 통해서 우리가 자기 자신에 대해 품고 있는 이미지는 사실 다른 사람에게 들은 말이 나 지적당한 태도에 의해 만들어진 부분이 크다는 사실 을 알게 되었을 것이다.

앞서 설명했듯이 사회적으로 적응하기 위해서, 그리고 자기상을 가지기 위해서 우리는 타인의 시선을 신경 쓸 필요가 있다. 다른 사람의 시선 때문에 힘들다는 사람은 이 사실을 꼭 기억하자. 타인의 시선이 신경 쓰이는 것 은 지극히 당연하며 누구에게나 해당되는 마음의 법칙 이다.

타인의 시선을 신경 쓰지 않는 사람 쪽이 오히려 자신

이 다른 사람의 눈에 어떻게 비치는지 모르고 착각에 빠져 있거나, 남의 기분을 생각하지 않고 안하무인으로 행동하는 무례한 사람일 가능성이 있다. 이 사실을 이해하면 다른 사람의 시선이 신경 쓰이더라도 마음이 조금은 편해질 것이다.

WORK 05

소심함:
억지로 바꾸려고 하지 말고 인정하라

소심한 성격을 바꾸고 싶다는 사람이 있다.

요즘 들어 소통 능력 또는 소통 장애라는 말을 자주 듣는다. 소통에 자신이 없다 보니 사람을 사귀는 데 소극적이다. 하지만 인간관계에 대한 어려움을 극복하지 못하면 자신의 세계가 좁아지므로 어떻게 해서든 소심한 성격을 고치고 싶어 한다.

소심한 사람은 대부분 소통 능력에 자신이 없다. 그렇

기 때문에 상대에게 나쁜 인상을 주지는 않을까 하는 불안감이 마음 한편에 숨어 있다. 이른바 '대인불안'이 강한 것이다.

학부모 모임에 참석하고는 있지만 밖에서 따로 만나자는 사람은 없어 외롭다는 사람이 있다. 가끔 모이는 아이 친구 엄마 중에 마음이 잘 맞을 것 같은 사람이 있어서 '저 사람이랑 친해지고 싶어. 개인적으로 차를 마시거나 함께 쇼핑을 할 수 있는 사이가 되면 좋겠는데' 하고 생각한다.

하지만 소통 능력에 자신이 없기 때문에 좀처럼 말을 걸 수가 없다. '내 초대를 거절하면 어쩌지?', '혹시 거절하기 힘들어서 싫은데도 억지로 만나주는 거면 미안하잖아'라는 식으로 머릿속에 부정적인 생각으로 가득차서 미리 걱정하기 때문이다.

직장 동료 중에 호감 가는 사람이 있는데, 마침 함께 퇴근하는 일이 많아서 같이 저녁 식사라도 하자고 말하고 싶다. 하지만 '갑자기 그런 말을 꺼내면 상황이 안 될지도 몰라', '혹시라도 싫어하는 반응을 보이면 상처 받을 것 같아'라는 생각에 도무지 용기가 나지 않는다는 사람도 있다.

물론 갑작스러운 제안을 받으면 상대방의 상황이 안될 수도 있다. 그러나 소통 능력에 자신이 있고 대인불안이 없는 사람이라면 '상황이 안 되면 거절할 테니 부담없이 말이나 해보자'며 가벼운 마음으로 말을 꺼낼 수 있다. 만일 사정이 안 돼서 거절당한다고 해도 "그럼 다음에 같이 가요" 하고 딱히 상처받는 일 없이 상황을 자연스럽게 정리한다.

대인불안이 강한 사람 중에는 친한 친구가 있으면 좋겠다고 생각하면서도, 막상 상대방이 함께 차를 마시거나 쇼핑을 하자고 말하면 거절하는 경우가 많다. 상대방에게 호감을 살 자신이 없어서 거절하는 것이다.

함께 다닐 수 있는 친구가 생기는 건 기쁘지만 소통 능력에 자신이 없기 때문에, '나랑 이야기하면 재미없어 할 거야', '함께 있다 보면 분명히 나한테 질리고 말 거야' 하고 불안한 마음이 고개를 들어서 계속 만나 친해지는 것이 두렵다.

이 사례들을 보면서 자신도 그런 경향이 있다고 생각했다면 대인불안이 강한 유형이라고 할 수 있다.

내 마음속에 있는 대인불안을 다스릴 수 있는 방법이 있다. 대인불안을 억지로 없애거나 감추려고 하지 않고, 대인불안이 강한 자신을 인정하는 것이다. 예를 들어 이성 앞에서 딱딱하게 굳어버리는 사람이 '긴장하지 말아야 해'라고 생각하면 더더욱 긴장하게 되지만, "긴장한 모습이 오히려 귀여운 인상을 주니까, 긴장한 모습을 보여도 괜찮아"라는 말을 들으면 오히려 긴장이 풀리게 된다.

어차피 대인불안이란 없애기로 결심한다고 해서 한순간에 사라지는 것이 아니다. 그러니 나의 모습을 있는 그대로 받아들이는 것이 최선이다.

대인불안을 단점이 아닌 장점으로 바꿀 수 있는 방법이 있다. 최근 심리학 연구에서 '불안의 효용성'이 발견되고 있다. 불안함을 느낄수록 더 세심하게 마음을 쓰기 때문에 오히려 대인관계에 능숙하다는 사실이 심리학 실험을 통해 증명된 것이다.

예를 들어 타인에게 물건을 빌려달라고 부탁하는 실험에서 불안이 클수록 대인관계에서 이익을 본다는 사실이 밝혀졌다.

남에게 부탁을 할 때는 상대가 기꺼운 마음으로 승낙할 수 있게 공손한 태도로 접근할 필요가 있다. 이때 불안이 강한 사람은 신중하게 상대의 반응을 예측하며 예의 바르고 세련되게 부탁했다.

그에 비해 불안이 별로 없는 사람은 자신의 입장 외에는 안중에도 없는 듯이 무리한 부탁을 해서 무례하다는 인상을 줄 때가 있었다.

극단적으로 말해 불안이 강한 사람 쪽이 신중하게 상대의 기분을 배려하며, 예의바르고 정중하게 접근하는 경향을 보였다.

이러한 실험 결과를 통해, 대인불안이 강한 사람이 다른 사람을 대할 때 더 진중하고 상대방의 기분을 생각하며 상대가 불쾌하게 여기지 않도록 조심해서 말한다는 사실을 알 수 있었다. 그래서 대인관계에도 더 능숙하다.

특히 여기서 짚고 넘어갈 부분은 대인불안이 공감 능력과 연관되어 있다는 점이다. 대인불안이 없는 사람에 비해 대인불안이 강한 사람이 더 공감 능력이 높고 상대의 표정에서 내면을 추측하는 능력도 뛰어나다.

대인불안이 강하면 조심성도 많다. 그 신중함 덕분에 상대방의 심리 상태에도 세심하게 주의를 기울인다. 그래서 상대방의 기분을 잘 이해하고 적절하게 대응할 수 있다. 반면에 대인불안이 별로 없으면 신중하지 못하고 상대방의 심리 상태에 그다지 주의를 기울이지 않기 때문에 상대의 기분을 잘 헤아리지 못한다.

예를 들어 대인불안이 강한 사람은 다른 사람에게 무슨 말을 할 때도 신중하다. '이런 식으로 말하면 기분 나빠할지도 몰라', '상처주는 말을 하지 않도록 조심해야지', '자칫하다 오해를 살 수도 있으니까 말투에 신경을 써야겠다' 하면서 다른 사람의 마음을 생각하면서 말을 고르고 말투에도 신경을 쓴다.

반면에 대인불안이 별로 없는 사람은 상대가 어떻게 받아들일지, 어떤 기분이 들지 개의치 않고 생각나는 대로 직설적으로 말한다. 그래서 상대방의 기분을 상하게 하거나 상처를 주고 결국에는 인간관계가 악화되기 쉽다. 쉽게 말해 무신경한 말과 행동을 할 가능성이 높다는 뜻이다.

이런 관점에서 보면 대인불안이 강해서 다른 사람에게 신경을 쓰는 성격은 오히려 큰 장점이라는 사실을 알 수 있다. 그러니 무리해서 대인불안을 없애려고 하지 말자. 대인불안이 강한 나 자신을 잘 다스리면 된다.

대인불안이 강하면 사람들과의 관계를 신경 쓰느라 괴로울 때가 많다. 하지만 그 섬세함 덕분에 다른 사람의 마음에 대한 공감 능력도 높고 상대방을 상처 입히는 무신경한 말을 하지 않는다. 다시 말해 상대방에게 좋은 사람이라는 인상을 남길 수 있다. 그렇게 생각하면 대인불안이 심한 내 모습을 받아들일 수 있고, 불안한 마음을 품고서도 좀 더 적극적으로 사람들과 사귈 수 있게 될 것이다.

자신이 소심하고 대인불안이 강해서 인간관계에 소극적인 면이 있다고 생각하는 사람은, 이제까지 소개한 심리학 연구 결과를 참고해서 대인관계가 서투르고 불안이 강한 성격의 장점에 대해서 생각나는 대로 적어보자. 대인불안이 강하고 소심한 성격을 무리하게 바꾸려고 하지 않아도, 그러한 성격의 장점을 알게 되면 사람을 사귈 때 조금은 여유가 생길 것이다.

대인불안이 강하면 어떤 장점이 있을까?

▶ 생각나는 대로 적어보자.

그럼 어떻게 해야 할까?

대인불안이 심한 성격, 즉 인간관계에 너무 신경 쓰느라 불안감이 큰 성격의 장점을 적어보았는가?

대인불안이 심해 여기저기 신경 쓸 곳이 많아서 피곤하고 좀처럼 친한 친구가 생기지 않는다는 사람, 이런 성격에 장점이 있다고 생각할 수 없다는 사람, 생각나는 장점이 없다는 사람은 본문을 다시 한 번 읽어보자. 대인불안의 장점도 은근히 많다는 사실을 알게 될 것이다. 그리고 앞의 〈WORK 05〉를 다시 적어보자.

대인불안은 없애고 싶다고 해서 없어지는 성질의 것이 아니다. 그러나 대인불안이 강하고 소심한 성격에도 장점이 있다는 것을 알면, 무리해서 성격을 바꾸지 않더라도 사람들을 사귈 때 조금은 여유가 생길 것이다. 성격 자체는 바뀌지 않더라도 지금까지와 달리 적극적인 자세로 사람을 대할 수 있을 것이다.

WORK 06

비사교성:
너무 예의바르지 않아도 된다

사람들과 친해지기가 힘들고 마음의 거리가 좁혀지지 않아서 고민이라는 사람이 있다. 그런 고민을 들어보면 주로 두 가지 유형으로 나뉜다.

첫 번째는 너무 조심해서 심리적 거리가 줄어들지 않는 경우다. 사람들을 대할 때 세심하게 마음을 쓰는 편인데도 좀처럼 친해질 수가 없다. 혹시나 실례되는 말이나 태도를 보이지 않도록 늘 신경 쓰며, 뻔뻔한 행동을 하지 않도록 항상 조심하고 있다. 그런데도 좀처럼 친해진 것 같은 느낌이 들지 않는다. 그럴 때 나는 주로 이렇게 질문하는 편이다.

"당신은 다른 사람들에게 실례가 되지 않도록 무척 조심하고 있는데, 오히려 배려라고는 없이 무례한 말을 아무렇지 않게 내뱉는 사람이 남들과 더 친하게 지내는 경우는 없었나요?"

"맞아요! 어째서 그런 무신경하고 뻔뻔한 사람을 불편해하기는커녕 더 친하게 지내는지 모르겠어요. 사람 일은 정말 알다가도 모르겠다니까요."

그런데 실은 이 부분에 놓치기 쉬운 중요한 포인트가 있다. 만난 지 얼마 안 되었을 때부터 진솔한 말투로 친근하게 말을 건네는 상대라면 나 역시도 이야기하기 편하고 친근감이 들 것이다.

반면 아무리 시간이 지나도 공손한 태도에 흐트러진 모습을 보이는 일도 없고 어려운 느낌을 주는 사람은 '예의바르고 점잖은 사람'이라는 인상을 줄 수는 있다. 하지만 편하게 대하기 힘들고 어쩐지 벽이 느껴져서 마음을 터놓고 대화하기는 어렵지 않을까?

여러분의 생각은 어떤가? 혹시 짚이는 점이 있다면 이제부터 사람들을 대할 때 이런 부분을 의식해서 고치도록 하자. 무례하지 않게, 예의 바르게, 정중한 말투로 말하는 것은 당연히 중요하지만 상대가 친근감을 느끼지 못하면 심리적 거리는 줄어들지 않는다. 나에게서 벽이 느껴지면 상대방도 이렇게 느낄 것이다.

'저 사람은 아주 예의바른 사람 같으니까 너무 다가가면 선을 넘었다고 기분 나빠 할지도 몰라. 실례가 되지 않게 조심해야겠다.'

상대가 이렇게 생각하면 마음의 벽을 허물지 못하고 아무리 시간이 지나도 친해질 수 없다. 무례하지 않게 조심하면서도 너무 거리가 느껴지지는 않게, 살짝 속마음을 터놓고 말해보자. 조금은 개인적인 이야기도 털어놓는 등 너무 철벽을 치지 않는 것이 중요하다.

두 번째는 상대방에게 진심으로 관심을 기울일 마음의 여유가 없는 경우다. 말하자면 자신의 일만으로도 벅차서 상대방에게 별로 관심이 없는 것이다. 그런 마음은 상대방에게도 당연히 전해지고, '나한테 전혀 관심을 가져 주지 않는구나' 하면서 외로움을 느끼게 된다. 이래서야 서로 마음이 통할 리 없다.

당사자의 입장에서는 상대에게 전혀 관심을 보이지 않았던 건 아니라서 '어째서 마음이 통하지 않는 걸까?'라며 고민한다. 하지만 실은 무의식중에 내 쪽에서 상대를 거부하고 있는 것이다.

다른 사람과 마음을 주고받는 게 어렵다는 사람에게 이렇게 물어보았다.

"스스로는 의식하지 못하고 있을지도 모르지만요. 혹시 머릿속이 자기 생각으로 가득해서 상대방에게는 별로 관심이 없는 건 아닌가요?"

"그렇지 않아요. 그 사람에 대해선 충분히 의식하고 있어요."

"상대를 의식하는 방법은 어떤가요? 혹시 상대가 나를 어떻게 생각하고 있는지, 나한테 호감이 있는지, 내가 한 말 때문에 기분이 상하진 않았을지, 나랑 함께 있으면 재미없다고 생각하지는 않을지 하는 것들을 의식하고 있다는 것 아닙니까?"

"그러네요. 확실히 그런 느낌이에요."

"정확히 말하면 그건 상대방에게 관심이 있는 게 아니라 상대가 나를 어떻게 생각하고 있는지 신경 쓰이는 것 아닐까요?"

"맞아요. 저를 어떻게 생각하는지 무척 신경 쓰여요. 그건 중요한 문제 아닌가요?"

"역시, 상대를 걱정하는 게 아니라 상대방의 눈에 비친 자신의 모습이 신경 쓰이는 거네요. 그러면 상대방은 외롭다고 생각하지 않을까요?"

이런 대화가 오간 뒤에야 사람들은 비로소 자기 일만 생각하느라 상대를 제대로 바라보지 않았다는 것, 상대에게 관심을 기울이지 않았다는 것을 깨닫게 된다.

이런 유형의 사람들은 먼저 자기 자신에 대해서만 생각하느라 진정으로 상대를 보고 있지 않았다는 사실, 상대방에게 관심을 가져주지 못했다는 사실을 깨닫는 것이 중요하다. 이를 인식해야 비로소 나의 외부 세계로 주의를 돌릴 수 있다.

'저 사람에겐 내가 어떻게 보일까?'라는 의미에서 상대방을 신경 쓰는 것이 아니라, '어쩐지 기운이 없어 보이네. 무슨 고민이나 우울한 일이 있는 걸까?', '오늘은 무척 기운이 넘치는데? 좋은 일이라도 있었나?' 하고 그 사람 자체에 관심을 기울이는 것이다.

나에 대해서만 신경 쓰는 게 아니라 상대를 제대로 바라보게 되면, 그런 마음가짐은 자연스럽게 상대방에게도 전해진다. 그리고 서서히 마음이 통하게 된다. 중요한 것은 나의 외부 세계로 눈을 돌리고, 사람들을 대할 때 진심으로 관심을 기울이는 것이다.

너무 조심하느라 상대방과 나 사이에 벽을 만들어서 심리적 거리가 줄어들지 않는 경우, 그리고 자기에 대해서만 생각하느라 상대방에게 진심으로 관심을 가질 마음의 여유가 없어서 마음이 통하지 않는 경우에 대해 설명해보았다.

사람들과 마음을 나누는 것이 어렵다면 이 두 가지 경우를 참고해서, 나의 어떤 점이 다른 사람들과의 소통을 방해하고 있는지 돌이켜보자. 다양한 상황을 떠올려보고 짚이는 점을 항목별로 적어보자.

그다음에는 사람들과 소통하기 위해 나의 행동 패턴을 어떻게 바꿀 수 있을지 항목별로 적어보자.

'나의 행동 패턴'에 대해 항목별로 적어보자.

▶ 나의 어떤 행동 패턴이 사람들과의 소통을 방해하고 있는가?

▶ 그 행동 패턴을 바꾸기 위해 어떻게 해야 할까?

그럼 어떻게 해야 할까?

다른 사람들과 마음을 주고받는 것이 어렵다면, 분명히 이유가 있을 것이다. 앞에서는 너무 조심하기 때문에 보이지 않는 벽이 느껴져서 심리적 거리가 줄어들지 않는 경우, 상대방의 눈에 어떻게 보일지 신경 쓰느라 그 사람 자체에 관심을 두지 않아서 마음이 통하지 않는 경우를 다루었다.

자신의 행동 패턴이 둘 중 하나에 해당되는 사람은 본문을 참고해 어떤 식으로 행동 패턴을 바꿀 수 있을지 파악했을 것이다. 나의 행동 패턴을 바꾸기 위해 무엇을 해야 할지, 내가 할 수 있는 일이 무엇인지 모르겠다면 이 장을 다시 읽어보자.

내가 할 수 있는 일이 생각났다면 실행에 옮기도록 하자. 둘 중 어느 쪽에도 해당되지 않는다면, 방해물이 무엇인지 파악하고 그 행동 패턴을 바꾸기 위해 할 수 있는 일을 생각해보자.

지나친 배려:
싫은 것을 싫다고 말하는 용기

하고 싶은 말을 못해서 스트레스가 쌓인다. 확실히 자기주장을 하고 싶지만 나쁜 사람이 되고 싶지는 않다. 그래서 어떻게 해야 할지 고민이라는 사람이 있다.

요즘은 학교에서도 자기주장이나 토론 훈련을 해서 그런지, 거리낌 없이 자기주장을 내세우는 사람들이 많다. 그래서 하고 싶은 말을 솔직히 말하지 못하는 자신은 언제나 손해만 본다는 것이다.

예를 들면 지금 하고 있는 일만으로도 버거운 상황에서 선배가 일을 떠넘길 때, 자기주장이 분명한 사람은 "지금도 손이 모자라서요. 죄송합니다" 하고 딱 잘라 거절한다. 하지만 자신은 즉시 거절하지 못해서 주저하다 보니 결국 그 일을 떠맡게 된다. 혼자 늦게까지 남아 일을 하다 보면 자기혐오에 빠지게 된다.

"왜 그때 곧바로 거절하지 못했을까!"

회사에서 새로운 프로젝트 팀을 꾸리게 되어 상사가 이런 제안을 했다고 하자.

"그 팀에 들어가고 싶은 사람이 있으면 후보자로 추천하려고 하는데, 누구 없나?"

평소 관심 있던 분야라 지원하고 싶은 마음은 굴뚝같지만 머릿속이 복잡하다.

'선배들을 제쳐두고 내가 나서면 뻔뻔해 보이지 않을까?'

'특별한 실적이 있는 것도 아닌데 지원하는 건 주제 넘는 행동일지도 몰라.'

이렇게 고민하는 사이, 아무 실적도 없는 후배가 "하고 싶어요. 추천해주세요" 하고 주저 없이 지원해서 상사의 추천을 받아낸다.

이런 일을 자주 겪다 보니 자기주장을 못하는 스스로가 싫어진다. 너무 조심하느라 하고 싶은 말도 제대로 하지 못한다. 싫은 것을 싫다고 말하지 못한다. 늘 다른 사람의 눈치를 보고 자신의 주장을 삼가게 된다. 그런 스스로가 너무 싫다는 것이다.

자기주장이 힘들어서 고민하는 사람은 사실 아주 많다. 이는 문화적 요인과 깊은 관련이 있다. 〈WORK 04〉에서 서양 문화를 자기중심의 문화, 동양 문화를 관계의 문화로 정의했던 부분을 떠올려보자.

자기중심의 문화는 내 생각을 마음대로 주장해도 되고, 어떤 말을 하고 어떤 말을 하지 않을지는 내 의견을 기준으로 판단하면 되는 문화다. 자기중심의 문화에서는 어떤 일이든지 나의 기분과 입장에 따라 결정한다.

반면 관계의 문화는 일방적인 자기주장으로 다른 사람을 곤란하게 하거나 기분 나쁘게 만들어서는 안 되고, 어떤 말을 하고 어떤 말을 하지 않을지는 상대방의 마음과 입장을 배려해서 판단해야 하는 문화다. 관계의 문화에서는 모든 일을 타인의 감정과 입장을 고려하면서 결정한다.

우리들은 관계의 문화에서 자기를 형성해왔기 때문에 늘 다른 사람의 기분과 입장을 배려하면서 내가 어떻게 행동해야 할지 결정하는 의식 구조를 가지고 있다. 상대방의 기분과 입장을 생각하면 원래 하려고 했던 말도 좀처럼 하기 힘들다. 상대방이 기대하는 것 같아 보이면 싫어도 싫다고 말하기 힘들어진다. 쉽게 말해 남의 눈치를 살피게 된다. 이는 관계의 문화에서 살아가는 우리들에게는 지극히 자연스러운 마음의 움직임이다.

다음 체크리스트의 각 항목이 나에게 해당되는지 확인해보자.

① 상대방의 의뢰나 요구 사항을 받아들이기 어려울 때도 딱 잘라 거절하지 못하고 빙 돌려 말하는 방식으로 거절한다.

② 상대방의 의견이나 아이디어에 찬성하지 않을 때도 딱 부러지게 반대하지는 않는다.

③ 직설적으로 말하지 않아도 상대가 알아차렸으면 좋겠다.

④ 상대방이 어떻게 나오는지 보면서 내가 할 말을 고른다.

⑤ 이보다 더 분명히 말할 필요가 없도록 상대가 말뜻을 알아들었으면 좋겠다.

⑥ 상대방의 기대나 요구를 미리 읽고 움직일 때가 있다.

⑦ 상대방의 말에서 행간을 읽으려고 하는 편이다.

⑧ 상대방의 기분을 잘 헤아리는 편이다.

자기중심의 문화에서 살아온 사람이라면 상관이 없겠지만 관계의 문화에서 자라온 사람들은 대부분의 항목에 해당될 것이다. 비교적 자유롭게 자기주장을 하는 편에 속하는 젊은 사람들도 대다수의 항목에 해당된다고 대답한다.

상대방의 기분과 입장을 생각하면 좀처럼 내 주장을 펼치기 힘들다. 싫을 때도 딱 잘라 거절하기 어렵고, 애매한 말투로 이야기하면서 상대방이 알아차려주길 바란다. 끊임없이 상대의 기분을 신경 쓰면서 응대한다. 이런 현상은 지극히 자연스러운 일이다.

서양 문화의 소통 방식을 따라 논리적인 의사소통의 기술을 다룬 경영서가 널리 읽히고 있는데, 대다수의 동양인은 일상생활에서 관계의 문화에 어울리는 소통 방식을 택하고 있다.

　거리낌 없이 자기주장을 하는 사람은 그 순간에는 이득을 볼지 몰라도, 그 문화에 적절하지 않은 행동 양식을 보이고 있으므로 주위의 호감을 사기는 어렵다. 장기적으로 보면 그 자리에서 겉돌게 될 위험이 있다.

　이런 관점에서 보면 분명하게 자기주장을 하지 못한다고 해서 한심한 일은 아니라는 사실을 알 수 있다. 상대의 기분과 입장을 배려하고 세심하게 마음을 쓰는 것은 결코 나쁜 태도가 아니다.

　다만 대부분의 사람이 그렇더라도, 개중에는 거리낌 없이 자기주장을 내세우는 사람도 있기 때문에 겸손하게 사양하면 손해를 보는 일도 종종 생긴다.

　또한 싫을 때 확실히 거절하지 않고 상대가 알아차려 주길 기대하더라도, 사람마다 감수성이 다르기 때문에 내가 원하는 식의 해결이 나지 않는 경우도 있다. 상대의 기분과 입장을 배려하면서도 어느 정도는 자기주장을 하는 편이 좋다.

이때 필요한 것이 '자기표현Assertion'이다. 자기표현이라고 하면 단호한 자기주장을 연상하는 사람도 있을지 모른다. 하지만 상담이나 연구에서 행해지고 있는 '자기표현훈련Assertion Training'의 목표는 자신을 억압하지 않고 상대를 불쾌하게 만들지 않으면서도 자기주장을 적절하게 하는 것이다.

다시 말해, 지나치게 참고 견디느라 자신을 괴롭히지도 않고, 억지스런 자기주장으로 인간관계를 방해하지도 않으며, 적절하게 자기주장을 하는 방법을 익히는 것이다.

강압적인 말투를 쓰지 않으면서도 부드럽게 자기주장을 하는 법을 배우지 못한 사람은 상대에게 불쾌감을 주어서는 안 된다고 생각하다 보니 무리해서 참게 된다. 싫은 것을 싫다고 말하지도 못한다. 이런 점이 불만이라거나 이런 점을 알아줬으면 좋겠다고 생각하더라도 효과적으로 전달하는 방법을 모른다. '이런 말을 하면 어색해질 거야'라고 생각해서 자신의 생각을 말하지 못한다. 그러다 보니 스트레스가 쌓여서 고통 받거나 작은 일에도 짜증이 난다. 자칫하면 감정이 폭발할 위험성을 감추고 있는 것이다.

적절하게 자기주장을 할 수 있게 되면 감정을 쌓아두거나 폭발시키지 않고 인간관계를 원만히 유지할 수 있다. 이제까지 말하고 싶었는데 말하지 못해서 손해를 보았던 일, 억울하게 오해받았던 일, 싫은데도 싫다고 말하지 못하고 뒤늦게 후회했던 일을 떠올려보고, 그때 하고 싶었던 말을 적어보자.

그리고 자신을 억압하지 않으면서도 상대방을 불편하게 하지 않으려면 어떤 식으로 말하는 것이 좋을지 적어보자. 다양한 상황이 떠오를 텐데, 그중 기억나는 장면에 대해서 적어보자.

'자기주장을 제대로 하지 못해서 후회했던 일'에 대해 적어보자.

▶ 어떤 상황에서 자기주장을 하지 못했는가?

▶ 그때 어떤 식으로 말하면 좋았을까?

그럼 어떻게 해야 할까?

자기주장이 서툴러서 하고 싶은 말도 못하고 싫어도 싫다고 말하지 못했던 사람도 너무 걱정할 필요 없다. 적절하게 자기주장을 하는 방법을 배우면 손해만 보는 스트레스 가득한 상황에서 벗어날 수 있다.

〈WORK 07〉에서는 말해야 하는데 하지 못했던 말을 떠올려보고 어떻게 말하면 좋을지 생각해보았다. 물론 여기에 적은 사례는 극히 일부분이다. 그래도 어떤 상황에서 말문이 막히고 어떤 식으로 자신을 억눌러왔는지 자신의 패턴을 파악하는 데 도움이 되었을 것이다.

이제부터는 예의를 갖춰 말하면서도 뻔뻔하다는 느낌이 들지 않게 적절히 자기주장을 하는 방법을 여러 상황별로 생각해두자. 미리 연습을 해두면 필요한 상황이 왔을 때 서서히 자기주장을 할 수 있게 될 것이다.

WORK 08

부족한 말주변:
잘 듣는 사람이 소통도 잘한다

   말주변이 없고 잡담을 잘 못해서 직장에서도, 사
생활에서도 대인관계가 어렵다는 사람이 있다.

예를 들어 거래처에 가서 신상품을 판매할 때 상품의
특징을 자료와 함께 설명하거나 상대방의 질문에 대답하
는 일은 별로 어렵지 않고 잘할 자신도 있다. 하지만 만
나자마자 바로 가방에서 자료를 꺼내서 설명을 하는 게
아니라, 먼저 안부를 묻거나 가벼운 대화를 나누기 마련

이다. 그런 담소를 나누는 게 어렵고 무슨 이야기를 해야 할지 모르겠어서 말문이 막힌다.

설명을 끝낸 뒤에도 "이만 실례하겠습니다" 하고 바로 가버릴 수는 없다. 그냥저냥 인사치레의 잡담을 나누다가 마무리 짓는 게 일반적이지만 그럴 때도 역시 무슨 말을 하면 좋을지 모르겠어서 입을 다물게 된다.

이렇게 말주변이 없는 자신을 바꾸고 싶다. 아주 사소한 일도 재미있게 이야기해서 늘 대화의 중심이 되고, 주위 사람들을 기분 좋게 만드는 친구들이 진심으로 부럽다.

사교적이고 입담 좋은 직장 동료들도 부럽기는 마찬가지다. 상대가 누구든 전혀 기죽지 않는다. 함께 거래처를 방문하면 그쪽 담당자와 유쾌하게 대화를 이어가기 때문에 마치 자신만 소외되는 것 같아 마음이 무겁다.

이렇게 생각하는 사람들은 보통 사교성이 부족하고 말주변이 없는 사람들이다. 말주변이 없는 사람들 중에는 잡학서나 화술을 다룬 실용서를 의지해서 대화의 소재를 찾거나 분위기를 띄우는 대화법을 배우려는 사람도 있다. 사교적이고 말을 잘하는 사람이 부러워서 노력하는 마음은 충분히 이해하지만 그런 시도는 대부분 실패로 끝난다.

최근의 심리학 연구에서는 사교성도 유전적 요소와 관련 있다는 사실이 밝혀지고 있다. 말주변이 없는 사람이 무리해서 재미있는 이야기를 하려고 애쓰는 모습을 보면 어쩔 수 없는 이색함이 느껴져 보는 사람이 더 조마조마해진다. 말주변이 없는 사람이 말 잘하는 사람을 따라하는 건 역시 무리가 있다.

그러나 사교성이 부족하고 말주변이 없는 사람이더라도 자신만의 특징이 있으므로 그 개성을 살리면 된다. 자신 없는 분야에서 억지로 무리하지 말고, 자신이 잘하는 분야에서 승부를 내도록 하자.

그렇다면 구체적으로 어떻게 하는 것이 좋을까? 나는 주로 이야기를 잘하는 사람이 되지 말고 이야기를 잘 들어주는 사람이 되라고 추천하는 편이다.

말주변이 없는 사람은 다른 사람과 이야기할 때 듣는 입장인 경우가 많다. 듣는 역할에 익숙하다는 점을 강점으로 삼는 것이다. 말주변이 없는 사람이 노력한다고 해서 말을 잘하는 사람이 되기는 어렵다. 하지만 잘 들어주는 사람이 되는 것은 그리 어렵지 않을 것이다.

사람들과 기분 좋게 이야기를 나눌 수 있는 사람, 다시 말해 대화에 능숙한 사람은 다음과 같은 소통의 기술을 이해하고 있다.

• 대화에 능숙한 사람의 소통법

① 상대의 이야기를 진지하게 듣는다.

② 일방적으로 떠들지 않는다.

③ 자기 이야기만 하지 않는다.

④ 상대에게 관심을 가진다.

⑤ 강요하는 말은 하지 않는다.

⑥ 상대의 기분에 공감한다.

⑦ 말하기 힘들어하는 부분은 캐묻지 않는다.

⑧ 적당한 순간에 이야기를 끝맺을 줄 안다.

이 방법이라면 말주변 없는 사람에게도 가능할 것 같

지 않은가?

말을 잘하는 사람은 말하는 것이 특기다. 그렇기 때문에 묵묵히 상대방의 이야기를 들어주어야 할 때면 좀이 쑤셔서 견딜 수가 없다. 그러나 말주변이 없는 사람은 이야기하는 건 서툴러도 상대의 이야기를 가만히 들어주는 것은 잘할 수 있다.

요즘 시대에는 다들 자기 일만으로도 힘들고 바쁘기 때문에 다른 사람의 이야기를 차분히 들어주는 사람이 적다. 반대로 생각하면 내 이야기를 차근차근 들어주는 사람은 무척이나 소중한 존재다. 심리학적으로 말하자면 '심리적 보상 가치'가 높은 사람인 셈이다.

"저 사람은 느낌이 좋아."

"저 사람과 있으면 안심이 돼."

함께 있을 때 이런 느낌을 주는 상대는 화제의 중심에서 수다스럽게 떠드는 사람보다는 내가 하는 말에 귀기울여주는 사람이다. 점을 보러 다니는 사람이 많은 것도 내 이야기를 들어주기 때문이다. 내 이야기를 차근차근 들어주는 사람은 무척 매력적인 법이다.

청산유수로 말하는 사람은 술자리나 떠들썩한 자리에서는 칭찬이 자자하다. 그러나 때로는 경박하다는 느낌이 들고 함께 있으면 즐거워도 차분하게 이야기를 나눌 상대는 아니라는 생각이 든다.

사람들에게 신뢰감을 주는 말투의 특징은 다음과 같다.

• 신뢰감을 주는 말투의 특징

① 호들갑스럽게 말하지 않는다.

② 진심을 담아 이야기한다.

③ 상대의 눈을 보면서 이야기한다.

④ 일방적으로 떠들지 않는다.

⑤ 상대가 말을 시작하면 내 이야기를 멈추고 들어준다.

⑥ 상대의 말을 가로막지 않는다.

⑦ 이해하기 쉽고 정중하게 설명한다.

⑧ 웅얼웅얼 하지 않고 분명하게 발음한다.

⑨ 알아듣기 쉽게 큰 소리로 말한다.

최고의 영업사원 중에는 내향적이고 말주변이 없는 사

람이 많다고 한다. 말재간을 부리지 않기 때문에 오히려 경계심이 풀리고, 이 사람의 이야기라면 들어봐도 되겠다는 생각이 들기 때문이다.

핵심 포인트는 할 말을 늘어놓는 것이 아니라 마음을 담아서 이야기하는 것이다. 말을 잘하는 사람이건 못하는 사람이건 어느 쪽이든 상관없다. 그렇다면 무리해서 말을 잘하는 사람이 되려고 하기보다는 잘 들어주는 사람이 되면 어떨까? 말주변은 없어도 남의 이야기를 잘 들어주는 사람이라면 될 수 있을 것 같지 않은가?

그러면 이제 앞에서 다루었던 '대화에 능숙한 사람의 소통법'과 '신뢰감을 주는 말투의 특징'을 참고해서, 말주변이 없더라도 가능한 대화의 방식이나 주의해야 할 점을 생각나는 대로 적어보자.

'말주변이 없더라도 할 수 있는 일과 주의할 점'을 모두 적어보자.

그럼 어떻게 해야 할까?

여기서 중요한 점은 사교적이고 말을 잘하는 사람을 따라하는 것이 아니라 잘 들어주는 사람이 되기 위해 내가 할 수 있는 일을 생각해보는 것이다. 말주변이 없기 때문에 오히려 말을 잘하는 사람과는 다른 강점이 있는 법이다.

지금 당장 생각나는 강점이 없다면, 139쪽에 있는 '대화에 능숙한 사람의 소통', 141쪽에 있는 '신뢰감을 주는 말투의 특징'을 다시 읽어보자. 그리고 이 정도면 나도 할 수 있겠다 싶은 것들을 확인해보자.

말주변이 없는 사람이라도 할 수 있는 일들이 의외로 많을 것이다. 그중에는 오히려 말주변이 없기 때문에 가능한 일도 있다.

내가 할 수 있는 행동을 발견했다면 앞으로는 사람들을 만나는 자리에서 이를 의식하고 실천해보자. 가장 중요한 건 마음을 담아 상대방을 진심으로 대하는 것이다.

갑자기 여러 가지에 도전하기는 어려울 테니 욕심 부리지 말고 할 수 있는 일부터 하나씩 시도해보자. 내가 먼저 편안하게 상대방을 대하면, 많은 이야기를 하지 않아도 상대가 먼저 말을 많이 하게 되어 편안한 대화가 이어질 것이다.

WORK 09

양면성:
인간은 원래 다면적이다

상대가 누구인지에 따라서 자신의 태도가 마치 다른 사람인 것처럼 바뀌는데, 혹시 이런 게 다중 인격인가 싶어서 불안하다는 사람이 있다.

예를 들어 친구들과 있을 때는 밝고 즐거운 사람이지만, 집에 있을 때는 그렇게 쾌활하지 않고 비교적 저기압일 때가 많다. 그래서 가족들은 나를 제멋대로라고 생각하기도 한다.

어떤 친구와 있는지에 따라서도 꽤 다른 모습을 보이는 듯하다. 학창 시절 친했던 친구들과 있을 때는 아무 말 대잔치에 돌직구로 말하는 편이라 주위를 웃기곤 한다. 반면 직장에서 친한 친구들과 있을 때는 가벼운 농담 정도는 하지만 독설을 내뱉는 일도 없고 차분한 느낌을 주는 것 같다.

똑같이 직장 친구라고 해도 늘 밝고 명랑한 사람과 함께 있을 때는 자신도 농담을 하고 떠드는데, 조용하고 고민이 많은 사람과 함께 있을 때는 들뜨는 일 없이 상대의 이야기를 들어준다. 이런 식이기 때문에 어느 쪽이 진짜 나인지 모르겠다. 혹시 내가 다중인격이 아닐까 하는 생각까지 든다고 한다.

이처럼 상대가 누군지에 따라서 자신의 태도가 달라지는 점을 신경 쓰는 사람이 상당히 많다. "이런 게 다중인격인가요?"라는 질문을 자주 받곤 한다. 미국의 강도 및 강간 사건의 범인이었던 빌리 밀리건(스물네 개의 인격을 가진 사람으로 다중인격의 대표적 사례이자 영화 〈23 아이덴티티〉의 실제 모델이다)처럼 다중인격을 가진 사람이 저지른 범죄가 화제가 된 적도 있고 해서, 나에게도 문제가 있는 건 아닐까 걱정이 된다는 사람도 있다. 상대에 따라 다른 태도를 보이는 자신이 비정상인 것 같아서 그렇게 태도를 바꾸는 자신이 혐오스럽다는 사람도 있다.

"이런 걸 보고 약아빠졌다고 하나요? 이런 사람 옆에 있긴 싫을 거예요."

"사람이 이렇게 일관성이 없어서야…. 아무래도 믿음이 안 가겠죠."

이렇게 자조적으로 말하거나 고민하는 사람도 많다. 하지만 이런 걱정은 전혀 할 필요가 없다. 상대에 따라서 이랬다저랬다 태도를 바꾼다고 하면 불쾌한 사람, 믿을 수 없는 사람이라는 느낌이 들기는 한다. 하지만 그것은 극단적인 경우다.

상대방에 따라서 태도가 달라진다거나 일관성이 없다고 표현하면 부정적인 느낌이 들지만, 상대방에 맞추어 유연하게 대응한다고 표현하면 오히려 긍정적인 느낌이 들지 않는가? 게다가 자기의 태도가 상대에 따라서 바뀌는 것을 신경 쓴다는 사실 자체가 옆에 두기 싫거나 신뢰할 수 없는 사람이 아니라는 증거다.

여기서 알아둬야 할 사실은 상대에 따라서 태도가 바뀌는 것은 지극히 자연스러운 일이라는 것이다. 오히려 '적응적인 태도'라고 말할 수 있다.

우리는 사회 적응Social Adjustment을 위해 각각의 상황에 가장 알맞은 모습을 드러낸다. 특별히 의식하지 않아도 그 장면에서 가장 어울리는 모습이 자연스럽게 나오는 것이다. 그렇기 때문에 상대에 따라서 자신의 이미지도 달라진다. 나는 이것을 '자기개념Self-concept의 장면의존성'이라고 부른다. 누군가와 함께 있을 때 자신의 이미지가 달라지는 것은 결코 이상한 일이 아니다.

한번 상상해보자. 직장 상사를 대할 때 집에서 가족을 대하듯이 행동하면 이상하지 않을까? 거래처 담당자를 친구처럼 대하면 무척 무례한 사람이라고 생각할 것이다. 또한 직장 동기를 상사나 선배처럼 대하면 아무리 시간이 지나도 친해지지 못할 것이다.

자기 자신을 지칭할 때 '나'라고 말하기도 하고 '저'라고 말하기도 하는 것은 상대가 누구인지에 따라서 내가 각각 다른 모습을 보여야 하기 때문이다. 이렇듯 상대에 따라서 태도가 바뀌는 것은 결코 이상한 일이 아니며 오히려 사회에 적응하기 위한 조건이다.

누구 앞에서나 똑같은 태도를 보이는 쪽이 오히려 각각의 자리에 걸맞지 않은 모습을 드러낸다는 의미에서 부적응Maladjustment이라고 할 수 있다. 더욱이 자신을 억압할수록 스트레스가 쌓인다. 그렇기 때문에 상대에 따라 자신의 다양한 모습을 보여주는 것은 마음의 건강을 위해서도 매우 바람직한 자세다.

인간이란 원래 '다면적인 존재'다. 진지할 때도 있지만 실없이 행동하거나 떠들고 싶을 때도 있다. 냉정하고 침착할 때가 있다면 감정적일 때도 있다. 싸늘하게 가라앉을 때도 있고 열정적으로 불타오를 때도 있다. 진중한 면이 강한 사람도 때때로 모험을 하고 싶어진다. 이런 모순을 품고 있는 것이 바로 인간이다.

마가 끼는 순간이라는 것이 있다. 이제까지 질서정연하게 흘러가던 일상생활에 갑작스런 균열이 생기고 한순간에 질서가 무너져버리는 순간을 말한다. 고지식할 정도로 성실하고 바른생활 사나이라는 평가를 받던 사람이 갑작스런 충동에 휩싸여서 이상한 짓을 할 때가 있다. 전철에서 성추행을 한다. 에스컬레이터에서 치마 속을 몰래 촬영한다. 슈퍼마켓에서 물건을 훔친다. 이런 사건이 일어날 때마다 범인을 잘 알던 사람들은 경악을 금치 못한다.

"설마 그 사람이 그럴 줄은 몰랐어요. 그렇게 나쁜 짓을 할 거라곤 상상할 수 없을 정도로 정말 성실한 사람이었거든요."

사실 '그런 짓을 할 거라곤 생각할 수 없을 정도로 매우 성실한 사람'이었던 것이 문제다. 평소에 적당히 자유분방하게 행동하는 사람이 오히려 문제를 일으키지 않는다.

고지식할 정도로 착실하고 빈틈을 보이지 않는 사람은 자신의 역할에 철저한 나머지, 그 역할에 걸맞지 않은 자신의 모습은 지나치게 억압한다. 이를테면 영업사원다운 모습, 교사다운 모습, 모범적인 어머니라고 할 수 있을 법한 모습만 내보이는 것이다. 즉, 다면적이어야 할 자신의 일면밖에 드러내지 않고 그 외의 모습은 강제로 억누르고 있기 때문에 스트레스가 심하게 쌓인다.

학창 시절의 친구들과 만나서 수다를 떨면 평소 직장에서는 보이지 않는 모습을 드러낼 수 있어 속이 후련해진다. 직장 선배와 술을 마시며 이런저런 이야기를 하면 일할 때는 드러나지 않았던 내 모습을 보여줄 수 있어서 속이 시원할 뿐 아니라 인간적으로도 친해진다. 단골 카페나 술집에 드나드는 것도 낮 동안 직장이나 거래처에서는 꺼내놓지 않았던 내 모습을 자유롭게 드러낼 수 있어서 답답함이 풀리기 때문이다.

이런 관점에서 보면 상대에 따라 자신의 태도가 바뀌는 것은 전혀 걱정할 문제가 아니다. 사회 적응을 위해서도 정신 건강을 위해서도 오히려 필요한 행동이다.

나는 내 안에 있는 다면성을 잘 드러내는 편인지 아닌지 한번 돌이켜보자.

부모, 자식, 배우자, 친구, 연인, 상사, 직장 동료, 거래처, 고객, 학생, 단골 가게 주인 등 누구라도 상관없다. 평소에 만나는 사람 중 몇 명을 고른 뒤 그 사람 앞에서 내가 어떤 태도를 보이고 있는지 그 특징을 적어보자.

자신이 얼마나 다면적 존재인지 알 수 있을 것이다. 별로 다양한 모습이 나타나지 않았다는 사람은 스스로를 너무 억누르고 있는 건 아닌지 돌아봐야 한다. 이제부터는 자신을 너무 억압하지 말고 적절하게 자신의 모습을 드러내도록 하자.

평소 만나는 사람들에게 어떤 태도를 보이는가?

▶ 상대는 누구인가? ① (   )

▶ 그 사람에게 어떤 태도를 취하는가?

▶ 상대는 누구인가? ② (   )

▶ 그 사람에게 어떤 태도를 취하는가?

▶ 상대는 누구인가? ③ (   )

▶ 그 사람에게 어떤 태도를 취하는가?

▶ 상대는 누구인가? ④ (   )

▶ 그 사람에게 어떤 태도를 취하는가?

그럼 어떻게 해야 할까?

누구나 상대에 따라 제각기 다른 모습을 드러낸다는 사실을 이해하면 '내가 다중인격인가?', '상대에 따라 태도를 바꾸다니 이런 내가 혐오스러워' 하면서 고민하는 일은 없을 것이다.

자신이 상대에 따라 태도를 바꾼다는 사실을 의식하지 않았던 사람도 〈WORK 09〉를 통해 자신이 무의식중에 각 상대마다 조금씩 다른 모습을 보이고 있다는 사실을 알아차렸을 것이다. 일부러 의식하지 않더라도 상대방에게 가장 어울리는 모습이 자연스럽게 나오는 법이다.

이렇게 우리는 상대에 따라서 나를 조금씩 다르게 표현한다. 상대가 누구인지에 따라 보여줄 수 있는 모습, 보여줄 수 없는 모습이 각각 다른 것이다.

퇴근길에 단골 카페나 술집에 가는 것도 가끔씩 나를 속속들이 잘 아는 학창 시절의 친구들을 만나고 싶어지는 것도, 일할 때는 드러낼 수 없는 내 모습을 보여줄 수 있어서 기분이 좋아지기 때문이다. 남에게 보여줄 수 없는 모습을 계속 숨겨두는 것은 무척 괴롭다.

'내가 다중인격인가?' 하고 걱정하지 말고, 평소에는 보일 수 없는 내 모습을 보여줄 수 있는 자리나 인간관계를 중요하게 여기도록 하자. 그것이 스트레스 해소의 지름길이다.

상대가 누구든 내가 보여주는 모습에 별 차이가 없다는 사람은 사람들을 만날 때 나의 극히 일부분만 드러냈을 가능성이 있다. 남에게 보이지 못하고 억누르고 있는 모습이 있다는 뜻이다. 좀 더 교제의 폭이 넓어지거나 관계가 깊어지면 다양한 내 모습을 드러낼 수 있게 될 것이다.

분위기 파악 못하는 나:
스스로를 관찰하는 법

어떤 상황에 적절한 모습을 보이는 게 너무나 어렵다. 왜 그 자리에 어울리지 않는 모습이 나오는 건지 도무지 모르겠다는 사람이 있다.

〈WORK 09〉에서는 상대에 따라서 나의 태도가 달라지는 문제를 다루었다. 다시 말해 각 상황마다 서로 다른 모습이 나오는 것이 고민이었는데, 이와 반대로 그 자리에 알맞은 모습을 보이는 게 잘 되지 않아서 고민인 경우도 있다.

예를 들면 직장에서 실수하는 일은 없지만, 너무 딱딱하게 굴다 보니 선배들한테 "그렇게 긴장하지 않아도 돼. 어깨 힘 좀 빼라"라는 말을 듣는다. 좀 더 스스럼없이 행동하면 좋을 텐데 어떻게 해야 할지 모르겠다.

술자리에서도 회사에 있을 때와 똑같아서 선배들한테 "그렇게 어려워하지 않아도 괜찮은데"라는 말을 들을 정도다. 이대로는 안 된다고 생각하지만, 방심했다가 자칫 실수할까봐 무서워서 좀처럼 자신을 내려놓을 수가 없다.

이렇게 그 상황에 맞춰 자신을 내려놓을 수가 없어서 고민인 사람이 있다. 나를 적당히 내려놓는 법, 그 자리에 알맞은 모습을 드러내는 법을 모르기 때문이다.

왜 이렇게까지 자신을 내려놓는 일을 두려워할까? 학창 시절에 친구들에게서 분위기 파악을 못 한다는 말을 들은 적이 있거나, 모임에서 딱딱하지 않게 분위기를 띄우려다가 그만 선을 넘어서 사람들이 질색했던 적이 있었을지도 모른다. 그래서 이제는 어떤 자리에서 어떻게 행동해야 하는지 자신이 없다. 대체 어디서부터 잘못된 걸까?

이런 문제는 '자기감시Self-monitoring'가 제대로 기능하지 못할 때 나타난다. 또는 자기감시가 제대로 이루어지지 못하는 점을 신경 쓰다 보니 자유롭게 행동하지 못하는 경우도 있다.

자기감시란 그 상황에 알맞은 말과 행동을 하도록, 또는 어울리지 않는 행동을 하지 않도록 주위의 반응을 관찰하는 것이다. 말하자면 마치 관찰 카메라로 사람들의 행동을 감시하듯이, 마음의 눈으로 자신의 말과 행동, 그리고 주위의 반응을 점검하는 마음의 기능이다. 우리는 자기감시를 통해 자신의 말과 행동을 적절히 조절할 수 있다.

상황에 맞춰 행동하기 어렵다는 사람은 과거에 실수로 그 상황과 어울리지 않는 모습을 드러낸 적이 있고, 그 경험 때문에 더 이상 자기감시 능력에 자신이 없는 것이다.

자기감시가 잘 이루어지지 않는 사람은 크게 두 가지

유형으로 나뉜다.

첫 번째는 자기감시를 너무 의식하는 유형이다. 자신이 적절치 않은 말이나 행동을 할까봐 너무 걱정한 나머지, 주위 반응을 지나치게 의식하느라 위축된다. 그래서 자유롭게 행동하지 못하고 인간관계가 어색해진다. 앞에서 말한 사례가 바로 자기감시 의식이 지나쳐서 자유롭게 행동하지 못하는 경우다.

두 번째는 자기감시가 전혀 이루어지지 않고 있는 유형이다. 아무렇지 않게 잘못된 말과 행동을 하면서도 전혀 개의치 않고 뻔뻔한 주장을 하거나, 주위 사람들에게 마음의 상처가 되는 무신경한 말을 한다. 주위에서 지겨워하는데도 자기 자랑을 늘어놓거나, 혼자서 계속 떠들어대는 사람도 이 유형에 해당한다. 말하자면 자신의 말과 행동을 점검하는 관찰 카메라가 망가져 있는 셈이다.

예를 들면 판매 실적을 채우지 못한 사람이 옆에 있는데, 자신의 실적이 할당량을 크게 웃돌았다고 해서 "요즘은 경기도 좋고 우리 상품은 평판도 좋으니까 실적 채우는 것쯤은 식은 죽 먹기지"라면서 무신경한 말을 하는 사람이 있다. 자기감시가 전혀 이루어지지 않는 상태다. 하지만 그런 사람들은 자기감시가 이루어지지 않고 있다는 사실조차 깨닫지 못한다.

자기감시를 너무 의식해도 살아가기 힘들지만, 그 경우에는 보통 본인만 괴롭다. 주위 사람들을 힘들게 만드는 것은 아니다.

반면 자기감시가 전혀 되어 있지 않은 사람은 상대방을 짜증나게 만들거나 지겹게 하거나 상처 입히는 등 주위 사람들을 불쾌하게 만든다. 그렇기 때문에 인간관계가 악화된다. 사람들이 진지하게 상대해주지 않아서 외톨이가 되기 쉽다.

자기감시가 지나친 사람은 의식 과잉으로 다른 사람들의 반응에 신경 쓰는 성격이다. 자신이 이 유형이라면 남에게 무례한 말과 행동을 할 리 없으니, 스스로를 믿어보

자. 자기감시 의식을 조금 낮추면 마음도 편해지고 인간 관계도 덜 힘들어질 것이다.

자기감시가 안 되는 편이라고 생각된다면 자신의 말과 행동이 적절한지 아닌지 의식적으로 점검하는 자세를 가지도록 하자. 자기감시가 결여되어 있다면 이를 강화시킬 필요가 있다. 이제까지 어떤 상황에서 주위 반응이 이상하다고 느꼈는지 되새겨보고, 자신의 어떤 말과 행동이 어떻게 문제가 되었는지 생각해보자.

'나를 대하는 주위 사람들의 반응이
이상하다고 느꼈을 때'에 대해 적어보자.

▶ 나를 대하는 주위의 반응이 어떤 점에서 이상하다고 생각했는가?

▶ 그때 나의 말이나 태도에 어떤 문제가 있었다고 생각하는가?

그럼 어떻게 해야 할까?

〈WORK 10〉을 통해 어떤 상황에서 잘못된 모습이 나오기 쉬운지 자신의 패턴을 알게 되었을 것이다. 어떤 부분에 문제가 있었고 어떤 모습을 보이면 좋을지 확실히 파악해두자. 주의해야 할 상황과 주의해야 할 점을 알면 불안도 서서히 사라질 것이다.

주위 반응이 딱히 기억나지 않는다면 자기감시 의식이 너무 높아서 의식 과잉이 되었을 뿐, 적절치 못한 모습이 나오고 있는 것은 아닐지도 모른다. 그런 경우에는 마음을 좀 편하게 갖도록 하자.

반대로 적절치 않은 모습이 나올까봐 걱정해본 적은 없지만, 본문을 읽고 혹시 나도 자기감시가 낮은 유형일지도 모르겠다는 생각이 들었다면 좀 더 진지하게 〈WORK 10〉을 작성해보자.

자기감시가 낮은 유형은 애초에 적절하지 않은 모습이 나오는 것을 그다지 신경 쓰지 않기 때문에 주위 반응이 이상하다고 느낀 적은 없었다며 〈WORK 10〉을 그냥 넘기기 쉽다. 하지만 조금이라도 신경 쓰이는 부분이 있다면 뭔가 마음에 걸리는 상황이 있었기 때문일 것이다.

이제까지 있었던 여러 상황을 차근차근 돌이켜보며 〈WORK 10〉을 작성해보자.

외로움:
과감하게 자신을 드러내는 용기

사람들을 대할 때 자꾸만 경계하게 되고 솔직하게 자신을 내보일 수가 없다는 사람이 있다. 물론 아무에게나 나를 다 보여줘야 하는 건 아니지만, 자주 만나는 사람에게조차 내 모습을 솔직히 드러내지 못해서 친한 친구가 생기지 않는다는 것이다.

타인을 경계하고 자신을 솔직히 드러내지 못한다고 하면 조용하고 소극적인 사람일 거라고 생각하기 쉽다. 하지만 반드시 조용한 성향인 사람만 있는 것은 아니다.

시끌시끌하고 농담을 잘해서 주위를 웃게 만들면서도 사실 자신을 잘 표현하지 못해서 고민하는 사람도 있다. 그런 사람은 평소 모임에서 대화를 할 때도 예능감을 발휘하거나 뭐든지 개그로 승화시켜서 즐겁게 분위기를 띄운다. 하지만 정작 자기가 정말로 하고 싶은 말은 못해 어려움을 겪는다고 한다. 단체 모임이 아니라 개인적인 만남에서도 마찬가지다.

'이 사람이라면 신뢰할 수 있을 것 같아', '이 사람과 친해지고 싶어'라는 마음이 드는 상대를 만나도 늘 실없는 소리만 하고 좀처럼 진지한 이야기를 하지 못한다. 그러다 보니 재미있는 사람이라고는 생각해도 개인적으로 깊은 교감을 나눌 상대로 봐주지는 않아서 외로움을 느낀다.

여기서 잠깐, 대인관계에서 말하는 '개방성Openness'에는 두 종류가 있다는 사실을 알아야 한다.

일반적으로 개방적인 사람이라고 하면 누구와도 금방 마음을 터놓고 친근하게 대화할 수 있으며 다른 사람에게 먼저 스스럼없이 말을 걸 수 있는 사교적인 유형을 떠올릴 것이다. 하지만 나는 대인적 개방성^{Interpersonal Openness}에는 '사교성^{Sociability}'과 '자기개시성^{Self-disclosure}' 두 종류가 있고 이를 구별해야 한다고 생각한다.

사교성은 처음 만나는 사람이나 안면만 있는 정도로 친하지 않은 상대를 대할 때, 기죽지 않고 그 자리에 맞는 대화를 할 수 있는 성향을 말한다. 자기개시성은 자신을 솔직하게 드러내는 성향을 말한다. 처음 만나는 사람과 금방 친하게 이야기할 수 있는 사교적인 사람이라고 해서 반드시 자신에 대해 솔직히 털어놓는다는 뜻은 아니다.

언제나 대화의 중심에 있으며 다양한 화제를 꺼내서 유쾌하게 이야기하는 사람이지만, 자기 자신에 대해서는 거의 이야기하지 않아서 어떤 사람인지 잘 모르겠다는 경우도 있다. 무슨 생각을 하고 있는지, 과거에 어떤 일을 겪었으며 지금은 어떻게 살고 있는지 잘 모른다. 요컨대 사교적이긴 해도 자신을 드러내지 않는 유형이라고 할 수 있다.

반면 자신을 감추지 않고 언제나 진심으로 사람들을 대하는데도 사교적이지 않은 사람도 있다. 자기 생각을 솔직히 말하기 때문에 안심하고 사귈 수 있고, 겉과 속이 같다는 느낌을 준다. 그런 의미에서는 매우 개방적이다. 하지만 처음 만나는 사람 앞에서는 긴장해서 말도 잘 못하고 말주변이 없어서 즐겁게 이야기하는 일도 없다. 자기개시성은 높아도 사교성이 없는 유형이라고 할 수 있다.

자기개시성이 낮아 자신을 전부 드러내는 게 무섭고 솔직한 모습을 보일 수 없는 사람 중에서도 사교성이 낮은 유형과 높은 유형이 있다. 어느 쪽이든 문제는 솔직하게 자신을 드러내지 못한다는 점이다.

자기개시성이 낮은 사람은 일반적으로 인간이라는 존재 자체를 그다지 신뢰하지 않는 편이다. 남을 믿지 않기 때문에 자기 이야기를 하고 싶지 않은 것이다.

개인 정보가 다른 곳에 유출되면 싫은 것처럼 자신을 드러내는 것에 불안을 느낀다. 자신의 마음을 다른 사람에게 이야기한다고 해도 아무것도 변하지 않기에 의미가 없다고 생각한다. 진심을 나누는 것에 가치를 두지 않기 때문에 서로 자신을 터놓는 관계가 되기 어렵다. 뿌리 깊은 열등감을 품고 있어서, 언제부턴가 진심을 감추는 습관을 갖게 된 사람도 있다.

자신을 드러내지 못하면 아무리 즐거운 만남이라도 허울뿐인 이야기밖에 나눌 수 없다. 이런 사람과 서로 마음을 터놓을 수 있는 깊은 관계가 되기는 어렵다. 그렇기 때문에 함께 있어도 외로움을 느낀다.

이렇게 외로움을 느낀다면 과감하게 자신을 드러내는 용기가 필요하다. 상대방도 마찬가지로 자신을 드러내도 될지 불안을 품고 외로워하고 있을 것이다. 누구나 상대가 자신에게 마음을 열어주면 기쁜 법이다.

한쪽이 자신을 드러내면 다른 한쪽도 자신을 드러내게 된다. 이렇듯 자기개시에는 상호성의 원리Reciprocity Principle 가 작용한다. 자기개시는 다른사람의 자기개시를 이끌어

내서 금세 마음의 거리가 가까워진다. 다만 어떤 일이든 지나친 건 금물이다.

상대와 친밀한 관계가 되기 전부터 지나치게 사적인 이야기를 많이 하는 것도 주의해야 한다. 상황과 분위기를 파악할 여유가 없는 사람, 다시 말해 정서가 불안정한 사람으로 보일 수 있다. 또한 감정을 대놓고 드러내는 편이라 화가 난다거나 불안하다는 말을 자주 입에 담는 사람도 자기 안에 있는 부정적인 마음을 다스리지 못하고 정서가 불안정한 사람이라는 인상을 준다.

자기개시는 서서히 진행되어야 한다. 그리고 일방적으로 자신을 드러내는 태도는 피하는 것이 원칙이다. 내가 나를 보여주었는데 상대방이 자신을 보여주지 않으려 할 때는 균형이 어긋나지 않도록 자기개시를 잠시 보류할 필요가 있다.

다음 체크리스트를 통해 내가 다른 사람을 대할 때 어

느 정도로 개방적인지 확인해보자.

자기개시성이 낮다고 나온 사람은 좀 더 다른 사람을 신뢰하고, 친해지고 싶은 사람에게 마음을 열 수 있도록 노력하자.

자기개시성은 낮지만 사교성이 높은 사람은 다른 사람들과 잘 어울리므로 대인관계에 아무 문제도 없다고 생각하기 쉽다. 하지만 자기개시성이 낮으면 허울뿐인 교제에 그치기 쉬우므로 주의가 필요하다.

'사람들을 대할 때 나의 개방성'을 체크해보자.

(해당되면 ㅇ, 해당되지 않으면 ×)

사교성

① 처음 만나는 사람과 이야기할 때 매우 긴장한다. ………… (　)

② 사람들을 대하기가 너무 조심스럽고 친해지기 힘들다. …… (　)

③ 잡담이 질색이고 무슨 이야기를 해야 좋을지 모르겠다. … (　)

④ 처음인 자리에서는 분위기에 잘 적응하지 못한다. ……… (　)

자기개시성

① 남들에게 내 얘기를 잘 하지 않는 편이다. ……………… (　)

② 내 생각을 솔직하게 말하는 편은 아니다. ……………… (　)

③ 나를 드러내야 하는 관계는 질색이다. ………………… (　)

④ 개인적인 일은 별로 이야기하고 싶지 않다. …………… (　)

그럼 어떻게 해야 할까?

사교성 항목 ① ~ ④에서 ×가 세 개 이상인 사람은 사교성이 높다고 할 수 있다. 그리고 자기개시성 항목 ① ~ ④에서 ×가 세 개 이상인 사람은 자기개시성이 높다고 할 수 있다.

자기개시성이 낮은 편이라면 좀 더 타인을 신뢰하도록 하자. 친해지고 싶은 사람에게는 과감히 마음을 열고 자신을 드러내도 좋다. 그렇다고 갑자기 무리하지는 말자. 상대의 반응을 보면서 천천히 마음을 열어가는 것이 바람직하다.

자기개시성이 낮고 사교성이 높은 경우에는 주의가 필요하다. 사교성이 높으면 표면적으로 다른 사람들과 잘 어울리기 때문에 대인관계에서 딱히 문제를 느끼지 않는다. 하지만 자기개시성이 낮으면 아무리 사교성이 높아도 허울뿐인 교제가 되기 쉽다. 서로 진심을 보이거나 깊은 이야기를 할 수 있는 깊은 관계로 이어지기는 힘들다. 사교성이 높기 때문에 오히려 이런 문제를 놓치기 쉽다.

아무리 인맥이 넓어도 허울뿐인 교제밖에 없다면 외로운 법이다. 조금쯤은 나를 드러낼 수 있는 상대를 만들도록 하자.

WORK 12

어른이 불편한 나:
관계는 경험으로 만들어진다

학창 시절 친구나 직장 동기처럼 또래들과 친하게 지내는 데는 아무 문제도 없는데, 상사나 선후배처럼 나이대가 다른 사람들과는 친해지는 것이 힘들어서 고민이라는 사람이 있다.

동갑내기 직장 동료와 사귀는 것은 힘들지 않고 후배도 잘 챙겨주는 편이다. 하지만 선배는 어떻게 대해야 할지 모르겠어서 긴장되고 어색하다. 그렇기 때문에 친근하게 대화를 나누지도 못하고 식사나 술자리에 초대 받아도 거절하게 되어 직장에 적응하기 힘들다.

이와 정반대로 나이가 어린 사람이 어렵다는 사람도 있다. 직장 후배를 대하기 힘들어서 고민이라는 사람은 아주 옛날부터 연하가 어려웠다고 한다. 고등학교 때도 동아리에서 선배와 함께 활동하는 것은 즐거웠는데, 후배가 들어와 자신이 선배가 되고 나서는 어쩐지 재미가 없어져서 동아리를 그만두었다고 한다.

이런 경우를 통해 알 수 있는 사실은 성장 과정에서 연상 또는 연하인 아이들과 어울려 노는 경험이 많지 않으면, 다른 나이대의 친구들을 어떻게 대해야 할지 잘 모른다는 것이다. 옛날처럼 동네 아이들이 나이와 상관없이 한데 어울려 노는 시대였다면 연상이나 연하를 대하는 방법을 자연스럽게 배웠을 것이다.

연상인 친구들은 경험이 풍부하고 여러 가지를 할 줄 아니까 의지할 수도 있고 기대거나 놀이를 배울 수 있다. 반대로, 울며 겨자 먹기 식으로 말을 들어야 할 때도 있다. 그런 경험을 통해 우리는 연상에게 의지하거나 잘 따르게 된다.

반면 연하인 친구들은 아직 어리기 때문에 잘 돌봐주어야 하고 잘 모르는 것을 가르쳐주어야 한다. 때로는 야단도 치면서 잘 이끌어주어야 한다. 함께 놀 때 규칙을 이해하지 못하고 이기적인 말을 하더라도 너그럽게 봐주어야 한다. 이런 과정을 통해 우리는 연하를 잘 챙기고 이끌며 포용력을 기르게 된다.

그런데 다른 나이대의 아이들과 어울려 다함께 놀았던 경험이 없고 형제자매도 없으면 연상이나 연하인 사람을 상대하는 법을 배우지 못하고 자라게 된다. 그래서 연상이나 연하를 만나게 되면 어떻게 어울려야 할지 몰라서 난감해하는 것이다.

우리의 마음은 경험에 의해 만들어지는 존재다. 경험이 부족하면 어떻게 해야 좋을지 알지 못하는 것이 당연하다. 스스로를 탓할 필요는 없다. 이제부터 의식적으로 노력하면 된다.

짚이는 곳이 있는 사람은 앞으로 다른 나이대의 상대를 만날 때 어떤 성향을 보여야 할지 생각해보고, 그에 맞는 성향을 드러내도록 하자. 평소에 의식하기만 해도 서서히 관계가 좋아질 것이다.

내가 어떤 성향을 잘 드러낼 수 있고 어떤 성향을 드러내기 힘든지 미리 알면 편리하다. 이때 도움이 되는 것이 바로 '에고그램Egogram'이다.

에고그램이란 '사람은 모두 다섯 가지 성향을 가지고 있다'는 전제하에 각각의 성향을 어느 정도로 가지고 있는지 측정하는 심리 검사다.

다음 에고그램 테스트를 해보자.

에고그램 테스트

다음 각 항목에서 자신에게 해당되는 정도를 1~5의 숫자로 대답해보자. 숫자는 각 항목의 오른쪽 빈 칸에 기입하면 된다. 기준은 다음과 같다.

> 1 ··· 그렇지 않다   2 ··· 대체로 그렇지 않다
>
> 3 ··· 어느 쪽이라고도 할 수 없다   4 ··· 대체로 그렇다
>
> 5 ··· 그렇다

① 비판적인 말을 자주 한다. ····················· ( )

② 사람들에게 친절하게 대한다. ····················· ( )

③ 비밀스런 계획을 세우는 것을 좋아한다. ·········· ( )

④ 충동적인 면이 있다. ····························· ( )

⑤ 우유부단해서 좀처럼 결단을 내리지 못한다. ······ ( )

⑥ 완고하고 융통성이 부족한 편이다. ··············· ( )

⑦ 쓸데없는 참견을 할 때가 있다. ··················· ( )

⑧ 대체로 냉정하게 행동하는 편이다. ··············· ( )

⑨ 표정에 기분이 잘 드러나는 편이다. ·····················(   )

⑩ 자신을 억누르고 남에게 잘 맞춰주는 편이다. ···········(   )

⑪ 자신의 생각을 다른 사람에게 강요하는 편이다. ········(   )

⑫ 남을 비판하기보다 칭찬할 때가 많다. ··················(   )

⑬ 의문이 해결되지 않으면 직성이 풀리지 않는다. ·······(   )

⑭ 하고 싶은 말을 거리낌 없이 말하는 편이다. ············(   )

⑮ 자신감이 없고 쩔쩔맬 때가 있다. ······················(   )

⑯ 타인의 부정과 태만에 엄격한 편이다. ·················(   )

⑰ 정에 얽매일 때가 많다. ·································(   )

⑱ 이해득실을 따져서 행동하는 편이다. ··················(   )

⑲ 제멋대로인 편이다. ·····································(   )

⑳ 하고 싶은 말을 하지 못해서 후회할 때가 많다. ········(   )

㉑ 사람들을 이끄는 리더 타입이다. ······················(   )

㉒ 남에게 너그러운 편이다. ·······························(   )

㉓ 빈틈이 없는 편이다. ····································(   )

㉔ 농담을 하거나 장난을 칠 때가 많다. ··················(   )

㉕ 사람들을 대할 때 솔직한 편이다. ······················(   )

〈채점법〉

다음과 같이 다섯 가지 에고그램 점수를 계산해보자.

① + ⑥ + ⑪ + ⑯ + ㉑ = [   ] …… [부성] 점수

② + ⑦ + ⑫ + ⑰ + ㉒ = [   ] …… [모성] 점수

③ + ⑧ + ⑬ + ⑱ + ㉓ = [   ] …… [현실성] 점수

④ + ⑨ + ⑭ + ⑲ + ㉔ = [   ] …… [분방성] 점수

⑤ + ⑩ + ⑮ + ⑳ + ㉕ = [   ] …… [순종성] 점수

테스트 해설

에고그램은 인간관계 패턴을 분석하는 교류분석을 창시한 정신의학자 에릭 번의 이론을 근거로, 제자인 존 듀세이가 고안한 심리 검사다. 에고그램은 다섯 가지 성향의 강약을 수치로 나타낸다.

인간은 누구나 다섯 가지 자아 상태를 가지고 있다는 것이 교류분석의 기본 생각이다. 여기서 다섯 가지 자아란 다음과 같다.

- 비판적인 부모의 자아 상태Critical Parent, CP
- 양육적인 부모의 자아 상태Nurturing Parent, NP
- 어른의 자아 상태Adult, A
- 자유로운 아이의 자아 상태Free Child, FC
- 순응적인 아이의 자아 상태Adapted Child, AC

이 용어를 그대로 사용하면 이해하기 어려우므로 각각

의 내용을 단적으로 드러내는 말로 바꾸어 표현해보자.

부모의 자아 상태는 '부모의 마음'이라고 할 수 있다. '부모의 마음'에는 두 가지 측면이 있다. 부모가 아이를 대할 때 엄격하게 단련시키고자 하는 측면과 다정하게 보호하고자 하는 측면이다. 일반적으로 전자를 '부성', 후자를 '모성'이라고 할 수 있다. 이때 '비판적인 부모의 자아 상태'를 '부성', '양육적인 부모의 자아 상태'를 '모성'이라고 부르기로 한다.

어른의 자아 상태는 '어른의 마음'이라고 할 수 있다. 어른이 해야 할 과제는 현실 사회에 적응하는 것이다. 그래서 어른의 마음이 가진 기능은 현실 사회에 적응하도록 촉구한다. 이때 '어른의 자아 상태'를 '현실성'이라고 부르기로 한다.

아이의 자아 상태는 '아이의 마음'이라고 할 수 있다. 아이의 마음에도 두 가지 측면이 있다. 아이는 아직 충분한 훈육 및 사회화가 되어 있지 않기 때문에, 자신의 욕구대로 여기저기 돌아다니는 자유분방한 측면을 가지고 있다. 동시에 아이는 부모의 보호가 없으면 살아갈 수 없다. 그래서 부모의 눈치를 보거나 부모가 하는 말을 고분고분하게 듣는 순종적인 측면도 가지고 있다.

전자를 '분방성', 후자를 '순종성'이라고 할 수 있다. 이 때 '자유로운 아이의 자아 상태'를 '분방성', '순응적인 아이의 자아 상태'를 '순종성'이라고 부르기로 한다.

그러면 이 다섯 가지 마음의 특징을 살펴보자.

① 부성

부성이란 사람을 이끌어 단련시키는 엄격한 마음을 말한다. 명령을 내리거나 격려를 하거나, 해야 할 일을 하게끔 채찍질하거나 꾸짖거나 벌을 주거나 해 사람을 엄하게 단련시키고자 하는 마음이다.

'부성' 점수가 20점 이상이면 엄격하고 부성이 강한 사람, 10점 이하면 엄격하지 않고 부성이 약한 사람, 11점 이상 20점 미만인 사람은 평균에 해당한다.

② 모성

모성이란 사람을 따뜻하게 감싸는 다정한 마음을 말한

다. 다른 사람의 기분에 공감하거나 위로하거나 잘못을 용서하거나 보호하는 등 선악을 떠나서 사람을 있는 그대로 받아들이고자 하는 마음이다.

'모성' 점수가 20점 이상이면 무척 다정하고 모성이 강한 사람, 10점 이하면 다정함이 부족하고 모성이 약한 사람, 11점 이상 20점 미만인 사람은 평균에 해당한다.

③ 현실성

현실성이란 사회 적응을 촉구하는 현실적인 마음을 말한다. 눈앞에 놓인 상황을 정확하게 파악하고, 객관적 정보에 근거하여 사물을 냉정히 비판하며, 현실에 효과적으로 대처하고자 하는 마음이다.

'현실성' 점수가 20점 이상이면 냉정하고 현실성이 뛰어난 사람, 10점 이하면 냉정함이 부족한 현실성이 없는 사람, 11점 이상 20점 미만인 사람은 평균에 해당한다.

④ 분방성

분방성이란 어디에도 속박되지 않는 자유분방한 마음

을 말한다. 생각하는 그대로를 순수하게 표현하고, 자발적으로 움직이며, 때로는 제멋대로 행동하는 등 천진난만하고 활기찬 마음이다.

'분방성' 점수가 20점 이상이면 어디에도 속박되지 않고 분방성이 강한 사람, 10점 이하면 자발성이 결여되고 분방성이 약한 사람, 11점 이상 20점 미만인 사람은 평균에 해당한다.

⑤ 순종성

순종성이란 타인을 순순히 따르는 마음을 말한다. 다른 사람의 말을 고분고분히 듣거나 남의 눈치를 살피거나 권위나 명령에 따르거나 자신의 의견과 감정을 억압해서라도 남에게 맞춰주려고 하는 마음, 협조적인 동시에 소극적인 마음을 가리킨다.

'순종성' 점수가 20점 이상이면 고분고분하고 주위에 잘 맞춰주는 순종성 강한 사람, 10점 이하면 순순히 말을 듣지 않고 협조성이 부족한 순종성 약한 사람, 11점 이상 20점 미만인 사람은 평균에 해당한다.

WORK 13

자기혐오:
있는 그대로 받아들이는 힘

 자기 자신이 너무 싫어서 견딜 수 없다는 사람이
있다.

주위 사람들을 보면 다들 자신감이 넘치는 것 같아 위압감이 든다. 그에 비해 자신은 자신감도 없고 무슨 일을 해도 계획대로 잘 풀리지 않는다. 집에 돌아와서 혼자 있게 되면 '난 왜 이 모양이지' 하는 생각이 들어서 우울하고 화가 난다. 그런 스스로가 너무 싫어서 견딜 수 없다는 것이다.

이렇게 자기 자신이 싫다는 사람과 이야기할 때 항상 느끼는 점은 이들은 향상심이 남들보다 훨씬 강하다는 점이다.

이런 내가 싫다면서 자기혐오에 시달리는 사람은 현재의 자기 자신에 만족하지 않는다. 지금 이대로도 좋다고 생각하는 사람이라면 자기혐오에 빠질 이유가 없다. '지금의 내 모습으로는 안 돼'라고 생각하기 때문에 자기혐오에 빠진다.

이런 고민은 말 그대로 더 나은 모습이 되고자 하는 마음에서 비롯된다. 'Part 1'에서 말한 것처럼 자기혐오는 향상심의 다른 이름이다.

"이런 내 모습은 싫어"라고 말하는 사람과 비교했을 때 "지금의 내 모습에 만족해"라고 말하는 사람이 삶의 만족도가 높아 보인다거나 적성을 잘 살리고 있는 건 아니다.

만일 남들이 보기에는 게으른 삶을 살더라도 본인에게 향상심이 없으면 자기혐오를 느끼는 일 없이 현재의 모습에 만족한다고 말할 것이다. 우리가 볼 때는 '저러면 안 되는데. 좀 제대로 해야지!', '왜 저런 식으로 대충대충 하는 거야?', '왜 저렇게 의욕이 없지?' 싶은데, 정작 본인은 자기혐오 따위는 모른다는 듯 태평한 사람이 우리 주위에도 있지 않은가?

반면 남들이 보기에는 무척 열심히 살아가는 것 같아도 본인의 향상심이 강한 경우에는 '이래서는 안 돼!' 하면서 자기혐오를 느끼기도 한다.

여기서 알 수 있는 사실은 '스스로가 싫다'는 것은 자신을 향상시키고 싶다는 마음 때문에 나타난다는 것이다. 그 증거로 초등학교 5, 6학년 때는 '나에게 만족한다'는 아이가 압도적으로 많고 '나 자신이 싫다'는 아이는 매우 적다. 그런데 중학교 2, 3학년이 되면 '나에게 만족한다'는 아이는 적어지고 '내가 싫다'는 아이가 늘어난다.

초등학교 때는 있는 그대로의 나로 살아가는 데 반해, 사춘기가 되어 추상적 사고를 하게 되면 '나를 바라보는 나 자신'이 나타나기 때문이다. 이상적인 자신의 모습, 즉 이상적 자기Ideal Self를 의식하게 된다. 이상적 자기를 의식하게 되면 '그런 내가 되고 싶다'는 마음은 강해지지만 정작 현실의 자신은 이상적인 모습과 거리가 멀기 때문에 '이런 나는 싫다'고 생각하게 된다.

이렇게 보면 뜻대로 되지 않는 자신이 싫다는 사람은 향상심이 무척 강한 사람이라고 할 수 있다. 향상심이 강하지 않다면 아무리 한심하고 나의 이상과 동떨어져 있는 모습이라고 해도 자기혐오에 시달리거나 하는 일은 없을 것이다.

만약 자기 자신을 좋아할 수 없는 사람이 있다면 스스로를 탓할 게 아니라 사실을 있는 그대로 받아들이도록 하자.

"나는 향상심이 강한 사람이구나."

"나는 지금의 내 모습에 만족하지 못하고 있구나."

감정에 흔들리지 않고 이렇게 인정하면 마음이 좀 편해지지 않을까?

"나도 저렇게 반짝반짝 빛나는 사람이 되고 싶어."

"좀 더 열심히 살아야지."

"내 자신에게 부끄럽지 않은 인생을 살고 싶어."

이렇게 이상적인 모습을 목표로 삼는 건 좋지만 반드시 그렇게 되어야 한다고 스스로를 너무 옭아매지는 말자. 이상은 어디까지나 이상일 뿐, 현실이 완벽히 이상대로 가는 일은 좀처럼 없다. 내가 원하던 그대로의 모습을 갖추게 되었다는 사람은 아마 없을 것이다.

물론 매일매일을 그저 적당히 살아가는 것보다는 이상적인 모습을 꿈꾸며 열심히 살아가는 것이 좋다. 하지만 마음먹은 대로 되지 않았다고 해서 자신을 탓하지는 말자. 그러기 위해서는 '이렇게 되어야만 해'라는 기준을 조금 낮출 필요가 있다. '이렇게 될 수 있다면 좋겠지만 인생이란 마음먹은 대로 되지 않는 법이니까'라는 느낌으로 현실을 받아들이는 자세가 중요하다.

이상을 따라가지 못하는 자신이 싫다는 사람은 자신의 어떤 점이 싫은지 한번 간략하게 적어보자.

다 적은 뒤에는 '나를 좋아하지 못하는 건 지금보다 더 잘하고 싶은 마음 때문에 그래', '꿈을 크게 가지는 건 중요하지만 생각한 대로 되지 않는 게 현실이야', '자신이 꿈꾸던 모습 그대로가 된 사람은 없어'라는 사실을 염두에 두고, 현실의 나를 어떻게 받아들이면 좋을지 생각나는 대로 적어보자.

• WORK 13 •

'나의 어떤 점이 싫은지' 적어보자.

▶ '그런 내 모습을 어떻게 받아들이면 좋을지' 적어보자.

그럼 어떻게 해야 할까?

'이런 내가 싫어', '지금과 다른 내가 되고 싶어'라고 말하면서도 막상 자신의 어떤 점이 싫은지 물어보면, 제대로 대답하지 못하고 곤혹스러워하는 사람이 많다. 그럴 때 〈WORK 13〉을 통해 나의 어떤 점이 싫은지 구체적으로 적어보자.

'뭐야, 겨우 이 정도 일이었어?' 하고 맥이 풀렸다는 경우가 많다. 나의 단점 정도는 누구에게서나 흔히 찾아볼 수 있는 특징이고, 그렇다면 굳이 나를 미워하며 고민할 정도의 문제는 아니라는 생각이 들었다는 것이다.

'직장에서 같은 실수를 반복하는 내가 싫다, 잘나가는 동료나 후배를 질투하는 내가 싫다, 다른 사람의 마음을 이해하지 못하는 내가 싫다' 하고 고민했던 경우에도 '이렇게 되어야만 한다'는 강박에서 조금 벗어나면 마음이 편해질 것이다.

같은 실수를 절대 반복하면 안 된다고 생각하기 때문

에 똑같은 실수를 저지른 자신을 미워하게 된다. 같은 실수를 하지 않는 것이 가장 좋지만, 인간은 완벽하지 않기에 같은 실수를 저지르기도 하는 법이다. 앞으로 더욱 주의하자는 다짐을 하는 것으로 충분하다. 그러면 자신을 미워하거나 자책하지 않고도 같은 실수를 되풀이하지 않고자 하는 긍정적인 마음을 유지할 수 있다.

나보다 잘난 사람을 질투해서는 안 된다는 마음이 강하기 때문에 남을 질투하는 자신을 미워하게 된다. 나보다 잘난 사람에게 질투를 느끼는 건 어쩔 수 없는 인간의 당연한 심리다. 그렇지만 시기심 때문에 일부러 상대가 기분 나빠할 말을 하거나 못되게 굴지는 말자는 식으로 인지 방식을 바꾸자. 그러면 질투심이 들 때가 있더라도 스스로를 미워하는 일 없이 건설적인 행동을 할 수 있을 것이다.

다른 사람의 마음을 이해해야만 한다는 강박관념 때문에 타인을 제대로 배려하지 못하는 자신을 미워하게 된다. 다른 사람들을 이해하려고 노력하겠지만 인간의 마음이란 원래 알기 어려운 부분이 있다. 내가 충분히 이해할 수 있을지는 잘 모르겠지만 그래도 다른 사람들을 배려하도록 노력하자는 정도로만 인지하자. 다른 사람들을 이해할 수 없을 때라도 나를 싫어하지 않고 이성적으로 침착하게 대처할 수 있을 것이다.

이번 〈WORK 13〉이 어려웠던 사람은 이러한 관점을 통해 '그런 내 모습을 받아들이는 법'을 다시 한 번 생각해보자.

KI신서 8150

나쁜 감정 정리법

1판 1쇄 인쇄 2019년 5월 10일
1판 3쇄 발행 2023년 1월 27일

지은이 에노모토 히로아키
옮긴이 이유라
펴낸이 김영곤
펴낸곳 (주)북이십일 21세기북스

디자인 강수진
출판마케팅영업본부 본부장 민안기
출판영업팀 최명열 김다운
제작팀 이영민 권경민

출판등록 2000년 5월 6일 제406-2003-061호
주소 (10881) 경기도 파주시 회동길 201 (문발동)
대표전화 031-955-2100 **팩스** 031-955-2151 **이메일** book21@book21.co.kr

© 에노모토 히로아키, 2019
ISBN 978-89-509-8107-5 (03320)

(주)북이십일 경계를 허무는 콘텐츠 리더

21세기북스 채널에서 도서 정보와 다양한 영상자료, 이벤트를 만나세요!
페이스북 facebook.com/jiinpill21   포스트 post.naver.com/21c_editors
인스타그램 instagram.com/jiinpill21   홈페이지 www.book21.com
유튜브 www.youtube.com/book21pub

서울대 가지 않아도 들을 수 있는 명강의! 〈서가명강〉
유튜브, 네이버, 팟캐스트에서 '서가명강'을 검색해보세요!